家庭でつくる和食教本

いつもの料理が感動のおいしさに

日本料理専門教室〈いただきます〉
西芝一幸 著

朝日新聞出版

料理はTTM

徹《T》底的《T》にま《M》ねをする

「普通」って何でしょうか。人それぞれ、普通の物差しが違います。料理の普通を考える場所が、料理教室です。２０１３年に和食がユネスコ無形文化遺産に登録されましたが、僕の日本料理専門教室いただきますにもその追い風が吹き、和食を学びたいという声が多くなりました。料理は学ぶと、自分の思っていた普通が非常識になります。その結果、期待以上の料理を生み出します。「料理は学ぶと10倍速」が僕の決めゼリフです。

僕の祖母は「私は料理で迷ったことがない」といいます。それは料理が得意ということではなく、調味料も食材も少量しか手に入らなかったためで毎日同じような食事だったからです。祖母はその時代を土台に食と対峙してきたのです。お腹いっぱいになるため懸命に生きた時代があり、満腹が安易に実現できるようになった今、次の目標が必要ではないでしょうか。食べ物があふれる時代、家庭料理にも献立や調理法などの変化が出て、豊かになることで選択肢が増えて迷いも多くなっているのが現状です。料理教室として一つだけ答えを出せるとすれば、「自分なりの食卓の答え」を出すために、まず目安となる知識を学びませんかということです。そうすれば迷いもなくなり自信が持て、料理の軸となって自分を支えてくれます。学ぶことは「まねぶ」ことですから、最初はしっかりレシピをまねしてください。まねることで自分を知り、それを意識的に次の料理につなげていくと必ず上達します。

本書の約半分は、調理理論をやさしく紹介した楽しい読み物です。僕の料理教室に通っているような空気感をお伝えしたいので、リアルな表現にこだわりました。読者のみなさんにしっかりとした料理の軸を持っていただけるよう、料理の本質をさらにわかりやすく、僕なりに徹底的に考え抜

続けることで自分のなかに料理の軸ができる

いた答えを掲載しています。本書は日本の新時代の幕開けにあたり和食を学ぶきっかけとして「水」をテーマにしています。水から料理を作るのはとても気軽で、食材の味がよくわかるのが特徴です。幅広い年代の方に味わっていただきたいと願っています。そしてもう一つ、「かつお節は食べる」という提案をしています。だしをとってもおいしいのですが、いろんな料理に混ぜ込むと、手間いらずでかつおの旨みが味わえ、無駄も出ずおすすめです。本書の料理は使う食材もなるべく少なく、調味料も手に入りやすいものに徹底しました。

　最後の章では、かつお節と昆布の合わせだしを使う料理を紹介しています。和食の贅沢ともいえる品位のある味を知ることは、日常の普通のおいしさを知ることにもなると考えています。日本人は昔から、日常（ケ）と特別（ハレ）の食事を区別し上手に組み合わせてきましたが、難しく考えずにこちらから自然に寄り添うと、季節が暮らしを教えてくれます。現在の日本の食事は「おいしい」が当たり前になりましたが、自分でおいしいものを当たり前に作るには、ちょっと時間が必要です。そのときに本書に込めた和食への想いが少しでも届けば、講師としてこの上ない喜びです。おいしいものを自分で作れた喜びは、いつの時代も変わることのない感動でしょうね。

　修業時代、陶匠・尾形乾山《おがたけんざん》の展覧会で色絵阿蘭陀写市松文猪口という器を初めて見たときは衝撃でした。江戸時代に作られたにもかかわらず、未来からやってきたかのように新しく見えたのです。僕が好きな木版画家の藤牧義夫が残した言葉「時代に生きよ時代を超ゑよ」と同じ次元で結ばれていることに深く感銘を受け、それは今も僕の生き方の指針となっています。その想いで製作したのが本書です。僕の料理教室で取り入れているカリキュラムを中心に和食を紹介しています。まずはページをパラパラめくりながら、おいしそう、おもしろそうと直感したところからお入りください。みなさんの食卓の笑顔につながれば幸いです。

日本料理専門教室いただきます　西芝一幸

もくじ

Part 4
〈いただきます〉流 和食の基本の作り方

焼く・炒める

揚げる

蒸す

Part 5
〈いただきます〉流 だしを使った厳選！絶品料理

Column おいしい読み物

この本の使い方

・本書では、日本料理専門教室いただきますの授業において、講師の西芝一幸がこれまで研鑽《けんさん》してきた調理理論、基本の和食レシピを、ポイントや写真とともにわかりやすく解説しています。本書において和食とは、家庭で作る料理全般のことを指します。

・Part 3～4で紹介するレシピは、かつお節と昆布のだしを使わずに、水で作る料理を紹介しています。これらの章で家庭料理を学んでから、Part 5のかつお節と昆布のだしを使ったレシピに進んでみてください。いつもと違った感動が味わえます。

・火加減は、特に表記のない場合、中火で調理してください。汁物や煮物の場合は、沸騰するまでは強めにし、沸騰したら食材に適した火加減に調節してください。

・水溶き片栗粉は、片栗粉を同量の水で溶いたものを使用しています。使う直前もよく混ぜて溶いてください。

・電子レンジは600Wを基準にしています。

・フライパンはフッ素樹脂加工のものを使用しています。

・野菜は、特に表記のない場合、「洗う・皮をむく」などの作業を済ませてからの手順を記載しています。

・「適量」はちょうどよい量を入れること、「適宜」は好みで必要であれば入れることを示します。

いただきます流和食の学び方

Part 1

献立の基本

まずは、献立を考えるだけでおっくうに感じる人に向けて、献立の考え方、味や食感の組み合わせ方などをわかりやすく解説。

Part 2

料理の始め方

実際に料理を作る前に理解しておきたい調理理論をわかりやすく解説。この章をしっかり読んで理解することが料理上手への近道。

Part 3

おいしい料理を作るためのスタートアップ

家庭料理におけるだしの必要性を説くとともに、基本のごはん、汁物と調理器具、火加減、包丁、計量、調味料のポイントを解説。

Part 4

和食の基本の作り方

和食の基本のゆでる、煮る、焼く・炒める、揚げる、蒸す、酢の物・サラダ・刺し身のレシピとポイントを、写真とともに徹底解説。

Part 5

だしを使った厳選！絶品料理

Part1～4で家庭料理を学んだら、今度はかつお節と昆布のだしのとり方に挑戦。とっただしを使った極上料理を紹介します。

この本で使用している調味料のこと

本書で使う調味料は、スーパーなどで手に入りやすいものを使用しています。実際に日本料理専門教室いただきますの授業でも使用している調味料です。濃口・淡口しょうゆ、酒、みりんは左記を参照してください。塩は精製塩と粗塩を、砂糖は上白糖を、酢は米酢を、油はサラダ油を使用しています。

濃口しょうゆ

ヤマサ特選
有機丸大豆の
吟選しょうゆ

淡口《うすくち》しょうゆ

ヒガシマル
うすくち
しょうゆ

酒

タカラ
「料理のための
清酒」

みりん

タカラ
本みりん

※商品のパッケージデザインは、変更する場合があります。

Part 1

〈いただきます〉流 献立の基本

毎日違う料理を作らなければ！というプレッシャーもあって、
今日は何を作ろうか…と悩みがちな献立。
ですが、悩む必要はありません。
「決め打ち献立」という仕組みを覚えてください。
献立が決まっていると、食事作りが本当にラクになります。

〈いただきます〉流
献立の基本

作りたい料理を決めるだけ！

ここで紹介するのは、最速で料理上手になる法則です。初心者の方は基本の料理をマスターするのに最適で、手慣れている方は毎日の献立に悩むことなく、ゆとりが出ると思います。

それではいきますね。まずは、自分の作りたい料理を決めましょうか。上手に作れるようになりたいもの、家族に食べさせたいものを基準に選んでみましょう。決まったら、その料理を一週間の流れに組み込んで、それを繰り返します。これが料理の仕組み化で、料理上手への最短距離なんです。作りたい料理を定期的に意識的に作るからこそ、得意料理になるのです。仕組み化を続ける秘訣は、決め過ぎないこと。最初は、週に3日ほど料理を決めておく、というイメージで始めてみてはいかがでしょうか。料理が決まっていると、迷うことがなくなり時間の使い方も変わってきますので、食事作りがかなり効率的になります。慣れてきたら献立まで決めると、すごくラクになります。副菜は、その日の気分で作ってもいいと思います。

一週間のルーティンは、意外と飽きることがありません。逆に、毎週月曜日は親子丼の日とか決まっていると、楽しみにもなると思います。それに飽きたら、また新しく作りたい料理を組み込むことで、バリエーションも広がります。「決め打ち献立」を、ぜひ試してください。それだけで、誰よりも早く、そしてラクに料理上手になります。

まずは自分の作りたい料理を決めること。慣れてきたら献立まで決めるとラクです。

肉じゃがを作るなら

お品書き

肉じゃが（P116）
きゅうりの酢の物（P176）
大根のみそ汁（P74）
ごはん

和食の基本味

煮物に代表されるように、和食の基本味は甘辛になります。これに酸味のある料理を合わせると、お互いの味が際立ち、よりおいしく食べられます。和食の定食に、酢の物がよくついてくるのも納得ですよね。ここでは、肉じゃがにきゅうりの酢の物を合わせています。汁物のコツは、ちょっとうすめの味に仕上げることです。メインの料理に味がしっかりついていれば、汁物はうす味のほうがバランスよく食べられます。単品でおいしい味と、献立の中の一品としておいしい味は違う。これが味つけの秘訣です。

食感

肉じゃがは、ホクホクしたじゃがいもやくったりした玉ねぎといった、やわらかい食感の煮物です。このおかずにごはんを合わせると、両方やわらかいので、全体的にぼんやりとした食感になります。ここに、キュッキュッとしたきゅうりの酢の物など、肉じゃがと対照的な食感のおかずを加えると、音とともにアクセントとなり、口の中が充実してよりおいしく感じます。食材による食感の組み合わせが、おいしさの着地点なのでは？というほど、大事なポイントです。

講師MEMO

おかずの決め方

毎日の食事はメインとごはんだけでも問題ないのですが、副菜をつけるときは、味と食感に変化があり、最後までおいしさが続く料理を組み合わせると効果的です。手早く作れてバランスがいいのは、酢の物、和え物、サラダです。常備菜もいいですね。あとは冷凍食品やお惣菜、納豆や豆腐、もずくなどで調整すると幅が広がります。汁物は、あってもなくても。つけるなら、即席の吸い物（↓P78）もおすすめです。

さんまの塩焼きを作るなら

お品書き

さんまのフライパン塩焼き（P140）
じゃがいものカレーきんぴら（P150）
切り干し大根の吸い物（P79）
ごはん

魚

魚料理は、薬味を上手に使うことがコツです。魚のクセがやわらぎ旨みが膨らむので、苦手な人でもとても食べやすくなります。しょうがやねぎと一緒に煮る他、副菜にスパイスやハーブなどを使って、間接的に香りを組み合わせるのも効果的です。今回は塩焼きにすだち（酸味）と大根おろし（甘みと辛み）を添え、副菜にカレー風味のきんぴらを作りました。カレー粉は油との相性がよく、肉や魚の臭みを消す効能があるので、和食にもぴったりです。

ボリューム感

魚は味が淡泊で身がやわらかいことから、魚料理だけでは物足りないという声を多く聞きます。そこで、副菜には炒め物がおすすめです。歯応えのある食材で満足度を上げると、全体のボリューム感が一気に増します。今回は、じゃがいもを使い、豚肉を加えてカレー粉でアクセントをつけたきんぴらです。メインが魚なら、副菜に少し肉があると満足度がさらに上がります。汁物は、手間を考慮して後片づけもラクな即席にしました。

講師MEMO

魚は鮮度がおいしい味つけになる

魚は、購入したらすぐに調理するというのが基本になります。時間が経つと、どうしても生臭さが出てくるので、そうなると塩をしても霜降りをしても、根本的な解決にはならないのですね。即調理というのが、購入するときの魚との約束だと思ってください。

豚肉のしょうが焼きを作るなら

お品書き

豚肉のしょうが焼き（P139）
キャベツとかつお節のサラダ（P182）
きのこのみそ汁（P77）
ごはん

おいしさの欲求

肉の旨みが強い料理は、野菜のみずみずしさが欲しくなります。これを生理的欲求のおいしさといいます。トンカツに添えるせん切りキャベツなどがそうで、足りない栄養素を摂取したときは特においしく感じます。単独の濃厚な味は、舌が疲れやすく口の中もマンネリ化するので、酸味のある料理や野菜のみずみずしさを感じるサラダなどをつけ合わせると、効果的です。この献立では、キリッと辛い貝割れ菜やキャベツのサラダで、しょうが焼きを最後までおいしく食べられるようにしました。

食べ合わせ

食べ合わせを、わかりやすく端的に味だけで表現すると、味の濃いものとうすいものを組み合わせる、ということです。この献立では、肉料理とサラダとみそ汁。基本的に汁物はちょっとうすめに作ったほうが、全体的なバランスがいいと思います。つけ合わせの料理は、ちょっと物足りないな、というくらいの味つけが理想です。実は、これがメインをよりおいしく感じさせる極意なのです。ただし、全部の料理の味がうす過ぎると、物足りなく感じて食べ過ぎにつながるので注意しましょう。

講師MEMO

食べて満足すればそれでOK

この献立のキャベツのサラダが、甘辛い里いもの煮物だったとしても、食べる人は何もいわずおいしく食べると思います。料理には味のバランスを考えた組み合わせは確かにありますが、食べる人にとっては目の前に出てきたものがすべてで、満足すれば何の問題もないのですね。味の感想がないということは、おいしいという証拠でもあるのです。でもやっぱり、おいしいっていわれたいですよね！

肉豆腐を作るなら

お品書き

肉豆腐（P121）
ほうれん草のごま和え（P98）
梅干しとかつお節の吸い物（P79）
ごはん

全体のバランス

肉豆腐は、これだけで完結できる力強い料理です。肉の旨みと食感、焼き豆腐のやわらかさや玉ねぎなどの甘さに加え、ほどよい旨みの汁けがあるので、ごはんと合わせるだけで丼物と同じ感覚になります。このような料理には、簡単に作れてあっさりしたものを組み合わせるだけで十分です。副菜は、ゆでたほうれん草のごま和えにしました。また吸い物は、梅干しで酸味をプラスして、全体の食べ合わせにアクセントをつけています。

作らない料理

一皿で味もボリュームも満足できる料理がメインなら、副菜は作らなくても、余り物や納豆とかもずくでもいいわけです。料理は「作らない」という判断も必要ですし「作り過ぎない」ことも大事だと思います。ここでは献立例ということでこの組み合わせにしていますが、いつもの食事であれば肉豆腐だけにしても大丈夫です。日常の献立は、60点のイメージを目指しましょう。毎日100点の献立なんて大変ですから。90点でも、「あれ?」なんていわれちゃいます!

講師MEMO

即席の吸い物は引き立てのだしと同じ

お椀の中にとろろ昆布とかつお節を入れて、お湯を注ぐだけの、即席の吸い物。調理はとても簡単ですが、これは高級な吸い物の原点で、かつお節の引き立ての香りを楽しむことができます。品位のあるおいしさになりますので、ぜひ食事に取り入れてみてください。

料理の組み合わせ　パターン⑤

鶏の照り焼きを作るなら

お品書き

鶏の照り焼き（P136）
ミニトマトと梅干しの和歌山和え（P101）
豆腐とわかめの即席みそ汁（P78）
ごはん

相性

食材にも相性がありますが、鶏肉とねぎは最高の組み合わせです。焼き鳥の串にもありますね。ここでは鶏の照り焼きに長ねぎを加え、より充実したおいしさを出しました。さらに、副菜でミニトマトの和え物を組み合わせています。トマトと鶏肉は好相性で、イタリア料理でおなじみですね。食材の相性がわかれば、料理もラクに作れるようになると思います。ちなみに、相性に季節が重なると「出合いもの」といいます。本書に掲載の料理ならぶり大根は、冬場に作ると相乗効果でよりおいしくなります。

見てもおいしい

照り焼きの甘辛味に、ミニトマトの酸味を合わせることで、お互いの味が際立ち、最後まで飽きることなくメインの照り焼きが食べられます。鶏肉とミニトマトは食感も全く違うので、舌が喜ぶ組み合わせです。そして、視覚もかなり大事な要素なので、食材で色の変化をつけたり、器も料理に合わせて選んだりするとよいでしょう。器は料理のきものといいます。見ておいしい、食べておいしい、がキーワードです。

講師MEMO

料理の盛りつけ

毎日の料理は盛りつけにこだわらず、たっぷり盛ってどーん！というほうが、おいしく感じますよね。でも特別なときは、いつもと違う盛りつけをすると喜ばれます。盛りつけは見てまねすることが大事ですので、まずは本書の写真を参考にしてください。ポイントは、器の大きさと内容量のバランスです。両手を使うと一層上手にできます。ヒントは、料理店の職人さんの手の動き。素晴らしい所作もおいしさの見どころです。

料理の組み合わせ　パターン⑥

金目鯛の煮つけを作るなら

お品書き

金目鯛の煮つけ（P124）
菜の花の辛子びたし（P199）
玉ねぎの卵とじ（P200）
ごはん

旬の味

撮影が冬でしたので、旬の金目鯛を煮つけにして、同じ時期に出回る菜の花をつけ合わせました。旬の食材で献立を考えるのもいいですね。季節の先取り感があって作るときも食べるときも楽しく、昔から「走り」が粋とされたのも納得です。魚は甘辛の煮つけなので、菜の花の苦味でアクセントをつけました。メインが金目鯛など立派な場合、つけ合わせは簡単なものでおいしさのバランスをとります。今回は玉ねぎを使った卵料理もつけてみました。年中手に入る食材でさっと作れる一品もいいですね。

憧れの料理

この組み合わせは、僕の物差しでは特別感のある献立です。ときには、ごちそう感のある「憧れ」の料理も作ると、気分が上がります。いつもの料理と特別な料理の違いが、おいしさの意味を教えてくれます。煮つけに熱燗がつけば僕はそれだけでいいのですが、ごはんのおかずだともう少し欲しいかなと、2品つけ合わせました。金目鯛が高級な分、手に入りやすい玉ねぎと卵で卵とじに。こんな感覚で、予算と手間を上手に段取りしながら、毎日のほどよいおいしさを続けてください。

講師MEMO

深みのある器はごぼうを底に置いて

今回は、金目鯛の下のごぼうがわざと見えるように盛りつけしました。この煮つけの器のように、真ん中に少し深みがある場合は、メインの魚を盛る前に、まず他の食材（今回はごぼう）を置いてください。その上から魚を盛ると、ふっくらときれいに見えますので、参考にしてください。

鶏のから揚げを作るなら

お品書き

教室自慢の鶏のから揚げ（P160）
蒸し野菜のポン酢がけ（P167）
ごはん

手間と段取り

唐揚げは人気者です。これだけで満足感と満腹感が得られます。ただ、揚げ物を作るには気合いが必要なので、つけ合わせは簡単にしたく、さらにボリュームも考慮したいので、ここではたっぷり野菜の蒸し物にかつお節を混ぜ、ポン酢で食べる一品にしました。献立は、手間と段取りも考慮して考えたいですね。この組み合わせなら、切り物を終わらせて料理別に下準備をしたら、まず鶏を揚げていきましょうか。揚げ終わりが近づいたら、野菜を蒸しはじめる。これで、どちらもできたてを食べられます。

酸味を上手に

唐揚げは、味つけした鶏の旨みと油のコクで最強のおいしさですから、つけ合わせは酸味を加えて切れ味をよくしました。さっぱりさせることで、から揚げの旨さをさらに引き出します。酸味は味をつなぐので、うまく使うと一歩上級な味つけとバランスが作れます。それが手軽にできる調味料が、ポン酢です。幅広い料理に使えて人気者ですね。この献立では、もやしを中心とした水分多めの蒸し物にポン酢をかけて食べるので、汁物は添えませんでしたが、好みで即席のみそ汁でもどうぞ。

講師MEMO

おいしさのバランス

外食は、「とびきりおいしい味」です。では毎日の家庭料理が、おいし過ぎると…。作り手も食べ手も疲れるんですね。毎日の料理はリラックスした味が好まれますから、ほどよいおいしさを心がけてください。ポイントは「塩・糖・脂」の比率。作り手が理想とする食卓をリードできるよう、おいしさの仕組みもレシピから学んでください。外食はおしゃれして、家ではくつろいで食べるのが、いいですね。

作る人のレベルや目的によって、献立作りが変わる

毎日の料理はシンプルが基本と心得ておくほうが安心です。食べ手の意見も大事ですが、それに引っ張られ過ぎると大変になるので、作り手がリードしたほうがスマートですね。あふれる情報と食材に振り回されることなく、日常は実質的な食事にすることが心を育てると考えています。家の料理でマンネリ化は当たり前ですから、実は悩むところではないのですね。僕もそうですから。その当たり前のなかにある贅沢を、食べ手においしい言葉で伝えることも、大事な料理の一環ではないでしょうか。だからこそ給料日なんかに少し奮発してメリハリをつけると、すごく喜ばれたりおいしく感じたりするんです。毎日のおかず作りに困ってる方は多いと思いますので、教室でもおすすめしている「決め打ち献立」をご紹介します。買い物も含めて時間の使い方にも余裕が出ると思いますので、ぜひ生活に合わせて取り入れてみてください。

作る人のレベル、目的		献立作りの方法
・料理初心者 ・レパートリーを増やしたい ・得意料理が欲しい	➡	作れるようになりたい料理を決めて、一週間のサイクルに入れる。うまく作れるようになったら、次の作りたい料理をサイクルに入れる。味つけの練習として、安い食材で炒め物などを作るのもよい。
・毎日の献立に迷う ・もっと効率よく作りたい ・料理以外の時間を多くしたい	➡	メインとなる料理だけでも決め打ちするとラク。迷う時間がなくなる。おすすめは一週間サイクル。副菜まで決めるとさらに快適だが、その都度余ったもので作っても。毎日の料理は、なるべくシンプルにするのがおすすめ。
・時間のあるとき ・おもてなしや特別な日	➡	憧れの料理を時間の余裕のあるときに作るとよい。得意な料理や食べ手のリクエストなどを、おもてなしや特別な日に。
・料理がある程度作れる	➡	その日の気分で作り、器や季節感も楽しむ。また、作り方を必要としている人に料理を教えてあげるともっと上手になる。

夕飯の決め打ち献立例

月	火	水	木	金	土	日
その日の気分で	肉じゃが	その日の気分で	パスタ	親子丼	しょうが焼き	鍋物

⬇

朝と昼は適当に作り、夜だけ決め打ちなど。週に3日だけ決めるとか、生活に合わせてください。適当に作る日も入れておくと、気がラクですね。繰り返すことで、さらに快適さが実感できると思います。食事は会話があればよりおいしく感じますが、ときには無言でもいいじゃないですか。お互いの顔を見るために、毎日の食事がありますから。そのための家庭料理です。

Part 2

〈いただきます〉流料理の始め方

いきなり料理にとりかかるのではなく、
調理理論を理解するところから始めましょう。
この章を踏まえて調理に進むと、
料理の本質が見えてきます。
五感を研ぎ澄ませて、感じてみてください。

調理理論　家庭料理

レシピは楽譜と同じです

プロはどうして料理をおいしく作れるのか、わかりますか？　それは目安となるレシピがあるからです。基準がないとプロでも料理は作れません。料理人はレシピを大切にしているからこそ、自信を持っておいしい料理が作れるのです。料理初心者の方は、必ずレシピを見てください。レシピを見ることはプロも実践している、料理上手になる一番の近道です。

レシピは楽譜と同じです。プロの演奏家も楽譜を見て音を奏でます。それは料理も同じで、おいしい目安があるからこそ、自分も含めてみんなが笑顔になる料理を作ることができるのです。何度も作って慣れてきたとき、気づくとそこにはレシピがない。ちょっと曖昧ですが、そんな感じでしょうか。おいしさに目安や基準を持つと、料理はもっと楽しめます。

みなさんには、食べることはもちろん作ることも楽しんでいただきたいので、このページから始まる調理理論のお話にもおつき合いください。料理は、学ぶと必ずおもしろくなります。ワクワクする気持ちが消えないうちにキッチンに立つことが、料理上手への第一歩です。

右上のノートは、音楽スクールでのメモ。いろんな学校で、講師としての表現方法を学んでいます。

調理理論　家庭料理

調理理論が おいしさの 隠し味

人それぞれ、物差しが違います。料理も家庭によって、味の好みや調理方法が違ったりします。では、普通って何でしょうか。普通ならこう切るとか、普通ならこういう味だよねとか。作る前から、普通という物差しが人それぞれ全く違うのです。自分の基準でレシピ通り作ると、それはもう最初は大慌てです。火が通らない、形が崩れる、焦げる、そしておいしくない。最後には、レシピが悪いと…。その通りです！　みなさんの気持ちは十分理解しているつもりですから大丈夫です。ここから一緒に頑張りましょう。

おいしさには、裏づけが必要なんです。裏側ですから、味つけする前の知識と考えてください。それが調理理論です。この知識がないと、レシピ通りに計量してもレシピ通りに加熱しても、それは「したつもり」になっているだけなので、おいしく作れないのです。だからその基準を覚えましょうというのが、調理理論なんです。味つけの前に味をつけない知識が必要で、この普遍的な基礎知識を学ぶことで、料理の仕上がりが確実に変わってきます。すなわち、これがおいしさの隠し味なのです。

まずは知識として、調理理論を勉強。これが、料理のおいしさにつながります。

おいしくならない5つの要因

食材や調味料にこだわり、レシピを見ながら料理を作ったとしましょう。それがイメージ通りにできなかったら、どうしてだろうと悩みますよね。答えは簡単で「レシピ通りに作ったから」です。計量は正しいし時間も火加減も守ったあなたは、何も間違っていませんから安心してください。料理を作る前に知っておくと、10倍速で上手になれる知識があるのです。前項でも説明しましたが、自分の基準で作っても料理はなかなか上達しません。自分の普通は自分だけの経験値であって、料理の基礎知識ではないからです。鍋の大きさで味が変わることを知っていますか？　火加減は炎の大きさを見ることだと思っていませんか？　この知識が調理理論です。自分の経験だけでここまでたどり着くには、かなりの年月がかかると思うので、この機会に一気に覚えてしまいましょう。ここでは料理がおいしくならない要因として考えられる5つについて、その改善点を詳しく紹介していきます。それさえ理解すれば、必ずおいしい料理が作れるようになります。まず大事なのは、レシピではなく調理理論を学ぶことです。

計ったり切ったりする一つ一つの工程に、料理がおいしくなるポイントがあります。

1 計量と切り物の基本知識（P86参照）

計量を正しく学んだことはありますか？ レシピの分量は、味の歴史です。正しく受け継ぐことで、そのレシピの味が伝わります。計量もただ計ればよいということではなく、正しい計り方があるので、まずは計量の知識を覚えてください。確認すればすぐにできますから、必ず88ページで基準を学んでください。あとは包丁の知識ですが、切り方で料理の方向性が決まるので、見た目はもちろん味や食感なども全く違ってきます。家庭料理ではまず、大きさと形が大事です。包丁の動かし方が正しくても、切る大きさが正しくないと煮崩れしたり味が入らなかったりするので、特に大きさを意識するといいでしょう。

2 鍋やフライパンの大きさ（P83参照）

いつも使っている鍋やフライパンの大きさを意識して、料理を作ったことはありますか？ それらの大きさが違うだけで、レシピが同じでも料理の味が変わります。これが料理のマジックで、プロからすれば普通のことなのですが、この普通が理解できないと、計量が正確にできていても意味がなくなってしまうのです。大事なのは「内容量で大きさを判断する」ということです。その基準がとても大事ですから、本書ではすべてのレシピに鍋の大きさを記載しました。その大きさを目安に作ると、同じ味が再現しやすくなります。一番大事なことは、内容量と鍋の大きさの感覚をレシピから学び取ることです。

3 火加減について（P84参照）

火を使う料理のレシピに、火加減として中火とか強火がありますが、これは炎を見て確認するのではなく、鍋の中を見ます。大事なのは、鍋の中がどんな状態になっているかということです。フライパンでの炒め物なら、音も目安にしてください。そして加減すること。例えば「中火で10分煮る」とあって、中火の炎の大きさを維持し続けると、途中で強火状態になります。この意味が分かる方は、火加減の知識はばっちりです。加熱中に煮汁などの水分が蒸発していくので、それを考慮して火加減を変化させることが必要です。おいしい火加減の状態を維持するには、火の大きさを自分で意識して変えることが大切です。

4 調味料について（P89参照）

調味料には、たくさんの種類があります。そのため、どれを使えばいいか迷うことが多いと思いますので、家庭においての目安をお伝えします。目分量で料理を作っておいしくできる人は、何を使っても大丈夫です。自分の好みと直感で、いろんな調味料を使ってください。そして料理をこれから始める方には、全国的に手に入りやすいスタンダードな調味料がおすすめです。参考までに僕の教室で使用している調味料を、8ページに掲載しています。

まずポイントは、みりんと酒です。みりんは本みりんを、酒は清酒を使用してください。しょうゆは基本的には濃口だけで和食は作れますが、淡口があると食材の香りが引き立つので、おいしさの幅が断然広がります。濃口と淡口の両方を常備するのがおすすめです。塩は精製塩や焼き塩がサラサラしていて計量もしやすく、初心者の方に向いています。粗塩は漬け物を作る際に使う他、焼いた肉やサラダなどに上から直接かけて食べてもいいでしょう。

あとは、調味料は保存の仕方が大事です。塩や砂糖は密閉容器に入れてください。しょうゆはぜひ、空気に触れない酸化を防ぐタイプのボトルに入ったものを使ってください。これは最高ですので、特におすすめです。

これくらいの調味料の知識でも、一気に味がピタリと決まりますから、ぜひTTMしてください。

5 おいしさと味つけの知識

自分の現在のおいしいという感覚は、過去に何を食べてきたかによって作られています。おいしさは個人的な嗜好によるもので、絶対的なおいしさはありません。でも、おいしさの基準は学ぶこともできます。好きなレシピ制作者のいろんな料理を作り、その人の味を覚えていくことです。料理人の修業と同じです。また料理の味つけについてですが、初心者の方は必ずレシピを参考にしてください。味は作るのではなく寄せていくものなので、最初はレシピの「型」が必要です。まずレシピ通りに作り、そこから調味料の組み合わせや分量を意識して学ぶといいでしょう。この意識の連続で、自分の味につながる日が必ず来ます。

調理理論

家庭料理

おいしさのコツ

味つけの基本は「さしすせそ」といいますが、味つけする前に、おいしいって何なのかを客観的に知ることが必要です。自分がおいしいと感じる味が、食べ手にとってのおいしい味とは限らないということです。おいしさは嗜好的な要素が大きく、過去の食べ物の集大成がその人のおいしいと感じる基準に大きく関係してきます。しかし、おいしいものを食べているからといって味を作れるわけではないので、やはり知識として味の目安が必要となってくるわけです。それがレシピであったり、親から家の味を教わったりすることなんですね。

僕の教室で喜ばれる料理は特別なものではなく、おひたしとか里いもの煮っころがしとか、ごく普通のものです。何回も作ったという声をよく聞きますが、それは飽きない味で、ほどよいおいしさの料理だからだと思います。これがよくいう和食の「うす味でおいしい」という表現になるのでしょう。決して味がうすいのではなく、おいしいけれどほどよい。料理教室のいいところは、実際に仕上がりの味を確認できるというところでしょうか。味の記憶が、味つけの大きな自信につながると思います。そして最終的に自分の好みでレシピの調整をしていくのが味つけのコツというか、それが料理というものです。

家庭料理の味は、作り手がリードしてください。おいしすぎる味を求めると必ず味が濃くなっていきますから、食べ手に引っ張られないよう手綱を握ってください。和食に限らず、最初は濃厚だと何でもおいしく感じます。ただ濃い味に慣れるとうす味が感じにくくなるので、おいしさの幅が狭くなります。食べることが好きな人にはぜひ、濃淡のリズムを味わう楽しみ方も知っていただきたいですね。そんなことも意識したうえで「ちょっと手前」の味つけをするのがおすすめです。意識なく作ると、個人的な感想に振り回されて疲れるんですね。「味がちょっとうすい〜」っていわれても「これくらいが全体的にバランスがいいの」と笑顔で対応できるように。その余裕が、食卓の豊かさだと思います。味は健康面や家族の食体験にもつながりますので、「味が過ぎないように」。この言葉を覚えておいてください。これが和食の建前です。ちなみに料理屋さんで食べる際には、いつもより集中して味を探すようなイメージで味わうと、より楽しめると思います。

理想とする食卓の答えを出すために、おいしさの知識があると、選択肢が広がります。

家庭料理で大事な考え方

料理は知識と技術をどう活かすかという考え方が、一番大切だと思います。自分にとって正しい方向性を見出すことです。料理を作るときにまず大事なことは、作り手の考え方です。おいしいという声がとても励みになるのは間違いないのですが、作り手が食べ手のリクエストや感想に振り回されて疲弊してしまっては、本末転倒です。そもそも家庭料理は、バリエーションが豊富であればあるほど作り手の労力が大きくなります。家事は料理を作ることだけではないですから、憧れももちろん大事ですが欲張らないことも大切で、普段の料理は60点でいいと教室でもお伝えしています。その点数の基準も、品数だったり調理時間だったりしますが、だんだん理解してきますから大丈夫です。大事なことは日常の生活を続けることで、冷凍品やお惣菜、外食も含めて工夫しながら、食と向き合っていくことだと思っています。余裕のあるときや特別な日に、自分なりに高得点の食事を作ってあげればいいのです。このバランス軸があると、自分のなかでも気持ちが晴れて、笑顔になり、家族にもさらに喜ばれると思います。

毎日の食事はほどよ
いおいしさを。

調理理論　家庭料理

言葉が最後の味つけ

料理を誰かのために作ったら、その食べ方や意味合いなどについての言葉を添えることが、最後の味つけだと思っています。この野菜は今が旬でおいしいよとか、新鮮な魚だから今日はこういう料理にしてみたよとか、簡単で大丈夫です。その一言が、料理をよりおいしくします。味つけに関しても同じで、家族から汁物の味がうすいといわれたとしたら「これくらいの味つけが食材の味がよくわかるのよ」とか「他のおかずとのバランスを考えた味つけなんだよ」というように、その食事の味わい方を言葉で伝えるのも大切なんです。

例えば、こんな経験はありませんか？　レストランでは食事の際に料理説明がありますよね。食材の産地や生産者のこだわり、その料理の調理法やシェフの料理に対しての想いなどを聞くと、どうでしょうか。味わう前からおいしさ以上のものが伝わりますよね。普段の食事でも同じです。味わい方だけではなくて素材の産地や鮮度のこと、旬の話などを添えてあげることで、よりおいしく感じ、食べたい気持ちになると思います。家庭料理にこそ、言葉の味つけが大切なんです。

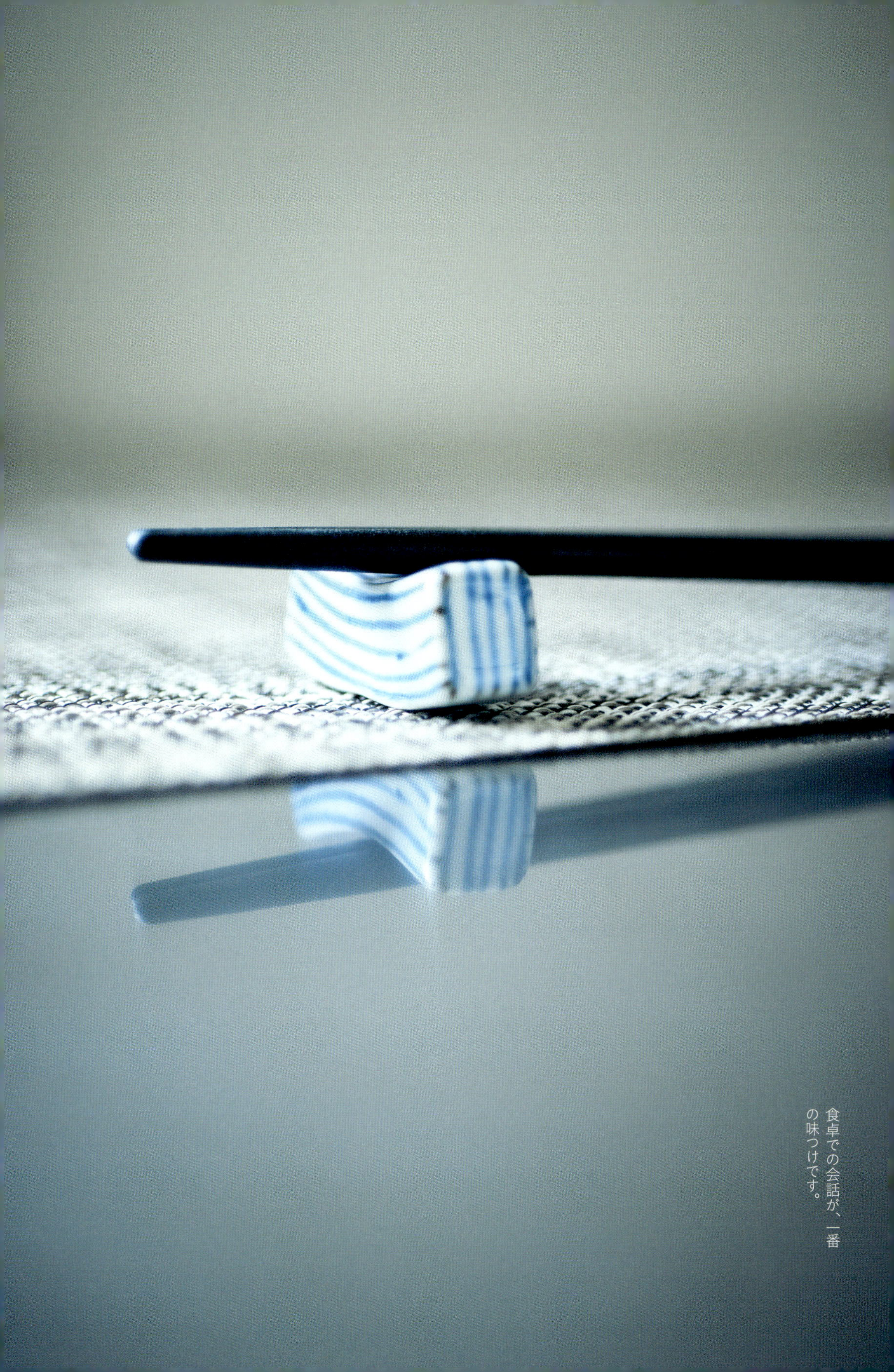

食卓での会話が、一番の味つけです。

時間と状態のおいしい関係

　時間の経過がおいしさの状態を教えてくれます。まだ感覚がつかめないうちは時間を計ることで、火の通り加減やおいしさの状態を知ることができます。本書のレシピに出てくる時間は、僕が何度も試作をして導き出した、料理がおいしくなる時間の目安です。例えば揚げ物を、時間を計らずにおいしく揚げることはできますか？　最初のうちはなかなか難しいですよね。ですから、おいしい状態を時間が教えてくれるということで、タイマーは必需品なんです。初心者の方は特に、時間を意識することで感覚も磨かれ、一層おいしく作ることができると思います。

　本書では可能な限り時間を記載したので、それを参考に調理してください。ただ気をつけるポイントがあり、レシピの時間は目安であって、正解ということではありません。時間通りに作るといっても「そのときの状態」が大事で、食材の切り方が大きすぎたり、火加減が弱すぎたりすると、加熱などの時間も変化してくるということを前提に調理してください。

　最終的に自分で判断して、時間を調節することが料理のおいしさのコツです。最初はとても難しく感じると思いますが、続けることで必ず感覚で調節できるようになりますから、安心してください。続けることで、技術も自信もついてきます。

調理中はタイマーを使って、レシピ通りの時間をきちんと把握しましょう。

調理理論　おいしさとは何か

おいしさの理由を知りましょう

おいしさを感じる要素として「塩・糖・脂」がありますが、この3つの比率が高くなると、よりおいしく感じます。理想とする食卓の答えを出すにはこういった知識も必要ですから、健康面も含めバランスを考慮したいものです。和食の味つけの基本は甘辛で、調味料の組み合わせは食材や調理法などによって変わってきますが、まずはレシピの分量通りに作り、意識的に味の目安を学ぶといいと思います。

おいしさというと味だけのイメージが強いのですが、料理は味だけではなく、食材の香り、盛りつけや彩りなどの見た目、そして食感や温度などの感覚を総動員したものです。

おいしさの決め手は、香りです。普段の料理でも、しょうが、ゆず、三つ葉、のり、ごまなどを上手に使うとよいと思います。料理を作るときも食べるときも、香りを意識するだけでおいしさがより際立ちます。

そして、もう一つ大事な要素が食感です。特にごはんのおかずには食感が大事で、さまざまな食感や歯応えのある料理は品数が少なくても満足でき、喜ばれます。和食はやわらかいものが多いので、歯応えのある料理を組み合わせて、食感を意識した食事作りを心がけたいですね。それが健康にもつながります。

おいしい要素の「塩・糖・脂」だけでなく、香りや温度にも意識して調理してみましょう。

なぜチョコレートは子どもから大人にまで好まれるのでしょう

　私たちがとてもおいしく感じる食べ物には、共通点があります。ポイントは油脂と糖です。チョコレートの場合、この2つの要素に加えてカカオによる芳醇な香りやココアバター特有の口どけのよさなどから、まさに最強の食べ物といえます。おいしさとはどこから来るのか、どんな味わいがおいしさにつながるのか。こういったことを実際に食べながら考えると、味覚や調理の勉強になります。和食以外の分野で知識を広げると、新鮮でおもしろいので、ここではカカオ豆からチョコレートになるまでの工程を参考にして、調理について考えてみましょう。チョコレートの主原料になる食材が、カカオ豆です。カカオ豆を砕いたものがカカオニブ。それをすりつぶしてペースト状にしたものを、カカオマスといいます。カカオマスの成分は主に油脂と香りです。この状態では苦味が強く食べにくいので、甘みをつけて（味つけして）食べやすくしたものがチョコレートです。おいしさとは食べやすさです。料理も同じで、食材を切って、調理工程のなかで味つけして、仕上げます。食材を食べやすくする流れが、調理をするということなのです。

手前から時計回りに、高カカオチョコレート、カカオ豆、カカオニブ、ミルクチョコレート。チョコレートのおいしさは、カカオ豆の旅の味です。

調理理論　おいしさとは何か

香りと温度

料理は「香りを食べる」ともいわれます。うまい料理には香りがある、と覚えてください。鼻が詰まったときなどは、何を食べているのかわからないですよね。香りはおいしさの主役になるのです。薬味などの香りを加えるだけで料理は一気に変わるので、意識して上手に使いましょう。

また、料理にはおいしい温度もあり、口に入れたときの温かさや冷たさによって、味だけでなく香りや食感も変わります。温度が高いほど香りは立つので、温かい料理だと湯気にのって見た目でも香りを楽しめます。和食では吸い物がその最たるもので、だしとゆずの相乗効果で、お椀の蓋を開けた瞬間に感じる香りが感動にもつながります。日本料理店でもよく使うゆずやみょうが、青じそ、しょうがは、手に入りやすいので家庭料理にもおすすめです。

料理において香りは、感動と時間軸があると思います。いい匂いだと、食べる前からおいしい予感がします。食べるときは、料理の温度でさらに香りが立つ。あと、香りは記憶として正確に残ります。何年たっても忘れない、過去から未来につながる目に見えない風の味。ちょっとロマンを感じますね。

香りのいい薬味はたくさんあります。奥から、万能ねぎ、ゆずの皮と青じそ、みょうが、三つ葉、おろししょうが。

食材の個性を知る

　魚は鮮度を食べる食材ですから、基本的に、購入した日のうちに調理することがお魚との約束だと思ってください。なるべく早く調理することが、最高の味つけになります。次に、鮮度という観点で理解しておきたい知識が「魚の匂い」と「生臭さ」は全く違うということです。魚は海の匂いや磯の香りがするもので、それを臭みと勘違いしないでくださいね。信頼できる鮮魚店では、そうした知識も教えてくれます。あと、魚料理はおいしく作れないとよく聞きますが、それは魚の個体差（個性）が大きいからです。個体差とは鮮度や形、大きさなどさまざまな違いのことで、季節や産地によっても味や状態が大きく変わります。肉のように安定した味ではなく、同じ魚でも毎日味が違うのです。料理人は、魚の状態を「見極めて」調理するので安定したおいしさを作れますが、あまり魚料理をしない方だと「目利き」はわからないですよね。そういうときこそ、定番料理にこだわってください。ぶりなら照り焼きにするなど定番には理由があり、失敗が少なくおいしく作れます。こういう出発点が、上手になる近道です。野菜や肉も、個性を知ることで料理がもっと見えてくると思います。

魚料理は定番からがおすすめです。購入後は、なるべく早く調理してください。

魚の出発点は切り身から

魚料理の基本は、三枚おろしから。というイメージがあるかもしれませんが、まずは切り身を使うのがおすすめです。大幅に手間が省けるうえに、好みの部位を必要な量だけ買うことができるので、食材を無駄なく使えます。現在では、鮮度のよい魚の切り身がとてもいい状態で店頭に並んでいますので、ぜひそれを活用してください。

キッチンで魚をおろしてから調理することは「憧れ」という名の箱に収めて、まずは切り身でおいしく作れるようになることが、料理上手への近道です。ちなみに、家で魚をおろして顕著に味が変わるのは、生で食べる刺身などです。煮たり焼いたりして加熱するのなら、切り身でもおいしさは変わりません。こういった知識が、自分の料理の自信になっていきます。

魚をおろすのは、料理に手慣れてからでも大丈夫ですので、まずは魚料理をおいしく手際よく作っていただきたいですね。魚がもっと身近になること間違いなしです。「憧れ」の箱はいつでも開けられますから、持っておくことが大事です。

金目鯛の煮つけも、切り身を使ってラクにおいしく作りましょう。

調理理論　食材の扱い方

部位別に調理法を考える

切り身を買うときは、部位の知識があるとスムーズです。魚は背中側の身（背身）と腹側の身（腹身）に大別されます。基本的には皮の色で判断するのがわかりやすく、背身が濃い色で腹身が白っぽい色です。背身は比較的脂が少なく身質が締まっていて厚みがあり、腹身は脂が多めで身質はやわらかいです。この説明だけ聞くと、腹身のほうがおいしいのでは？と感じると思うのですが、そこが料理のおもしろいところで、脂が多いと味が入るのに時間がかかり、やわらかいと身崩れしやすいということになります。その知識を踏まえないと、自分の「いつも通り」で作ってもうまくいきません。そこでおすすめしたいのが、調理法によって魚の種類や部位を決め打ちすることです。塩焼きや煮つけは、脂が多い部位やゼラチン質の多い魚、あとは脂がのる時期（魚の旬）などの目安で作ると、ふっくらジューシーに仕上がります。脂の少ない部位は身が崩れにくいので、炒め物や鍋物がおすすめです。その他にも揚げ物や、バターでムニエルにするなど、油脂を加える料理も合理的ですね。こういった目安があると、上達度も含めてお得なことがたくさんあると思います。

出合い物のぶり大根の旬は、脂ののった冬場。季節の味わいを。

〈いただきます〉流 料理の始め方

料理を始めたばかりのときは、レシピをしっかりまねする（学ぶ）のがおすすめです。まずは自分に料理の型を作ることが大事で、それがあることによって自分で好きなように作れるようになるんですね。特に味つけには型が必要で、なかなか見よう見まねでできるものではありません。その型が、とりあえずはレシピの分量です。型はしっかりまねすることで身につきやすくなります。そして本当に大事なのは、レシピの裏側。ここを自分で意識的に読み解くことが、料理の力になります。

料理の始め方としておすすめしたいのは、好きな人の料理をまねすることです。親や友人でも、好きな料理研究家、タレント、料理人のレシピ本でもいいですね。全国各地にある料理教室もおすすめです。自分が憧れている人の味や盛りつけ、器使いまで徹底的にまねしてください。これが、一番テンションが上がって楽しいですよ。

1　型を探す

親や友人、レシピ本など自分の憧れの人・ものを見つける。料理教室や動画サイトもおすすめ。知識がないと料理は作れないので、レシピが知識になる。自分の好きなものにこだわったほうが、より吸収できる。

↓

2　まねして学ぶ

レシピに沿って作り、自分のなかにも料理の型を蓄積していく。その基準があるからこそ、レシピなしでも上手に作れるようになる。味だけでなく、料理写真を見ながら盛りつけや皿の形なども学ぶとよい。好きな人のまねをすることで、その人のセンスを学ぶ。最初は簡単そうな料理を作るのがおすすめ。

↓

3　本質を感じる

調理中に「あっ、わかった！」と感じる瞬間が必ず出てくる。それが自分の感覚になるので、その瞬間を集めるように作り続ける。レシピは覚えるのではなく、身につけるもの。

↓

4　遊ぶ

料理が以前よりラクに感じる自分に気づいたら、それが一つのゴールで、うまくなってきた証拠。だんだんと料理の幅を広げていくとき。そのまま進めばよい。教室から応援してますね！

↓

自分の料理へとつながる

Part 3

料理は感動！おいしい料理を作るためのスタートアップ

調理理論を理解したら、次は基本のスタートアップです。
日本料理は水の料理といわれますが、
その基本にもなる銀シャリの炊き方と、
かつお節と昆布のだしを使わない汁物の作り方、
そして、味つけ以前に大切な、「味をつけない知識」も解説します。

だしとは食材から出る味のこと

だしとは何でしょうか

かつお節と昆布のだしをたっぷり使うから、和食はおいしい――。とてもいい響きですね。ではこれが「煮物はかつお節と昆布のだしを使って煮るのが正しい」ということになるのでしょうか。

和食の土台をだしと考えるなら、自分なりのだしの定義があるといいですね。知ることで安心しますし、調理工程に自信が持てます。では、だしの原点から考えましょう。だしは本来「食材から出る味（汁）のこと」です。漢字で「出汁」と書きますよね。かつお節と昆布を煮出したものだけでなく、食材から出た味はすべてだしなのです。つまり旨みです。これを上手に食材から引き出せれば、十分おいしい料理になります。それどころかむしろ食材の持ち味を活かした最高の料理になるといえるでしょう。

毎日の家庭料理のコツは、このだしの使い方（考え方）だと思います。僕がおすすめしたいのは、水から食材を煮出した旨みを使って料理をしませんかということです。とてもラクにおいしく作れて、おまけに食材の味を確かめやすく、味つけ上手になるためのヒントを自分でつかみやすいのが最大の利点です。けれど、ただ水で作るだけではおいしくなりません。食材の組み合わせや旨みの使い方が大事なんです。そのノウハウをすべて入れ込んだのが本書のレシピです。その通りに作るだけで、食材の味を引き出したおいしい料理ができます。例えば「鶏のやわらか煮」（P120）は、鶏肉を水で煮て旨みを引き出してから調味料で味をつけるだけで、びっくりする旨さになります。かつおのだしが入っていないので、鶏肉の味を活かした料理になるわけです。

こうしただしの知識を学ぶと、固定観念でかつお節と昆布のだしが必要だと思っていた方も、それだけではないのだとわかっていただけると思います。まずここをだしの出発点として考えると、わかりやすいでしょう。

食材から出た旨みが、
だしの原点。

家庭料理のだしについて

だしとは何でしょうか

かつお節と昆布のだしを、いつもの料理で使いたいときがあると思います。レシピ本に「だし」という表記があったり、普段からだしを使って料理をする場合ですね。そのようなときは、どんなだしを使っていますか？　大きく分けると、次の3種類でしょうか。①顆粒だし、②パックだし、③かつお節と昆布を煮出して作るだし。最初にお伝えしたいのは、どれを使っても「おいしく」作れますので安心してください、ということ。おいしさには幅がありますし、それが家庭料理のいいところです。料理は、作り手がどういった（調理時間、量、目的など）食事を作りたいかで、味も含めてすべての選択肢が決まりますが、食べ手が満足すれば、①でも②でもとりあえず大丈夫なのです。

選択肢の答えは人それぞれですが、①〜③の使い方にはちょっとしたコツがあるので紹介しますね。①は旨みが強いので、入れすぎに注意してください。素材の味よりもだしの味が強くなりすぎて、バランスが崩れます。②は旨みよりも香りに特化しているので、うすく感じる場合は分量より1パック多めに入れてください。③を使う場合はなるべく調味料の量を控えめにして味つけすることが、だしの旨さを引き立たせるコツで、吸い物に最適です。引き立てのだしに調味料をたっぷり入れて味を作ると、繊細な旨みや香りが活かされないのです。そういう部分もあるので、参考にしてください。より詳しいお話を190ページでしていますので、あわせて読んでみてください。

だしのとり方や味に、
正解はありません。
作る料理やその日の
都合に合わせて、自
分なりのだしを。

水の料理

だしとは何でしょうか

日本のだしは、水に食材の味や香りを短時間で引き出すのが特徴で、水の味がとても影響します。同じ日本でも、北から南まで気候や地形が違いますから水質も異なり、その土地の食材や調理法にも特色が出てきます。風土が食の背景にあるといわれるゆえんでもあります。土産《どさん》土法《どほう》として各地域の産物を使い、風土に合わせて作られたものが、郷土料理となるのです。

　和食はよく「だしがおいしい」といいますが、だしを味わうのが特徴です。だしはほぼ水からできていますので、日本のだしは水の料理ともいえるのですね。きれいで飲みやすいといった日本の水質のよさが、日本のだしを支えています。日本の水、つまり軟水であることに意味があり、食材の味が出やすくおいしいだしになります。同じ軟水でも関西と関東では水の硬度が異なりますので、だしの味が違うのもそういう理由なんですね。

　水から料理を考えていくと、おもしろくわかりやすいと思い、僕の教室では、水から料理を学ぶようにしています。水の料理教室でもあるというわけです。水を学ぶと、世界中の料理のルーツが楽しく理解できます。

　本書では、水からいろんな食材の旨みを引き出した料理の数々を紹介します。水が、料理を教えてくれます。

Step 1

まずは銀シャリに感動しましょう

水だけで作った料理で、一番おいしい料理はなんだと思いますか？　答えは「白ごはん（銀シャリ）」です。毎日食べてもおいしい味が水だけで作れるということは、米にとって水は調味料と考えることができ、水質で味と食感が変わるのが、白ごはんなのです。

おいしい白ごはんを食べるための一番の秘訣は、「蓋を開けるタイミング」と「米の洗い方」の2つです。これでおいしさが決まります。特に蓋を開けるタイミングが重要で、どれほど高級な米や炊飯器を使っても、このポイントが押さえられていないと米のポテンシャルを引き出せないのです。蓋を開けたら、ほぐしも大切です。蒸気を飛ばすように、パラパラと米粒をほぐしてください。意識するとこんなにおいしく炊けるのだと、実感していただけると思います。蓋を開ける瞬間に、おいしさの本質を感じ取ってください。おいしいごはんを自信を持って炊けるようになれば、毎日の食事作りがもっと楽しくなりますよ。

蒸らし上がりに、すぐほぐす。これが、〈いただきます〉のこだわりです。

銀シャリ

究極の水料理。おいしいごはんの基本は、まず短時間で洗米すること。炊きあがったら、蓋を開けるタイミングとほぐし方で味が決まるといっても過言ではありません。

材料（3合分）

・米——3合
・水——600mℓ

※土鍋で炊く場合は、米1合に対して水200mℓが目安。炊飯器で炊く場合は、目盛りに合わせて水を入れる。

炊く前

米専用の計量カップ（1合＝180mℓ）に米を山盛りに入れ、箸などを使ってすりきりで正確に計り、ボウルに入れる。

勢いよく水を注ぎ、手で軽く3回ほど混ぜる。ザルにあげて水けをきる。

2の工程をもう一度繰り返す。ここまでを30秒以内で行うのが理想。ぬかの臭いなどを米が吸わないように手早くやる。最後は水けをしっかりきることが大切。

ボウルに水けをきった米を戻し、指をソフトボールを握るように広げ、水けのない状態で20回ほどかき混ぜる。勢いよく水を注ぎ、3回ほど混ぜ、ザルにあげて研ぎ汁を流す。同様にもう一度すすぐ。

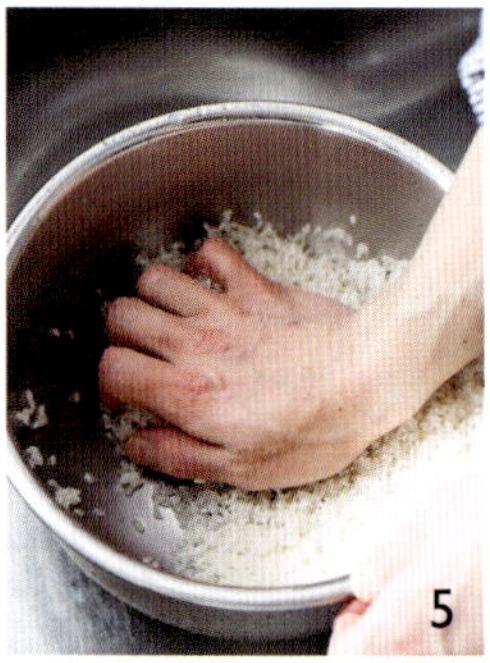

水けをきった米をボウルに戻し、今度は親指のつけ根あたりでキュッキュッと軽く押すようにして20回ほど研ぐ。勢いよく水を注ぎ、3回ほど混ぜ、ザルにあげて研ぎ汁を流す。同様にもう一度すすぐ。

ごはんはほぐすタイミングが一番大事。
蓋を開ける瞬間がおいしさのはじまりです。

炊く

土鍋で炊く場合は水適量を注ぎ、浸水させて30分ほどおく（冬場は1時間ほどが目安）。炊飯器で炊く場合は、吸水時間がプログラムされているので洗米後すぐに炊飯釜に入れ、水を目盛りまで注いで炊く。

ザルにあげて水けをきり、土鍋に入れて分量の水を注ぐ。強火にかけ、蓋から湯気が出てきたら弱めの中火で7分、弱火で7分炊き、火を止めて10分蒸らす。

炊いたあと

蒸らしが終わったらすぐに蓋を開け、蒸気を飛ばす。炊飯器の場合は、炊きあがりの音が鳴ったらすぐに蓋を開ける。**蓋を開けるタイミングこそが一番の味つけになる。**

ごはんの1/4ブロック部分にしゃもじを垂直に底まで入れ、ごはんを持ち上げて隣にのせる。米粒をパラパラとほぐすように底に落とす。

残りの3/4ブロックも9の工程と同様に繰り返す。**混ぜるのではなく、米粒の間に空気を入れるようにほぐす。**

Point 炊飯器で炊く場合は、炊きあがったら保温を消すことがおすすめですが、保温する場合は3時間くらいが目安です。

炊飯器か土鍋かという選択は、調理の楽しさで決めてもいいと思います。土鍋は火加減で調節ができますし、演出効果も抜群です。炊飯器はタイマーをはじめいろいろな機能があり、利便性がいいです。おいしさに幅を持つことで味わい方はもちろん、料理がもっと楽しくなります。

Step 1

おにぎりの握り方

水をしめらせた手に粗塩をつけ、表面はしっかり、中に空気をふんわり入れるようなイメージで握ります。炊きたてのごはんをほぐしてから使うのもポイント。

材料（作りやすい分量）

・ごはん――適量
・粗塩――適量

Point おにぎりには、旨みがあり、まろやかさが特徴の粗塩がおすすめです。

作り方

1 ごはんが炊きあがったら、すぐに蓋を開けてほぐし、ふっくらさせる（P67の8〜10参照）。この段階でごはんの状態がべっとりしていると、握り方がよくてもおいしいおにぎりにはならない。

2 水をつけた手に粗塩適量をつけ（a）、両手を合わせてなじませる。

3 ごはん茶碗1杯分のごはんを手にとり（b）、手のひらと指先でごはんをはさみ（c）、もう片方の手をへの字にして添える（d）。

4 ある程度の形ができるまで6回ほど握り（e）、裏返し（f）、再度数回握って形をととのえる（g）。

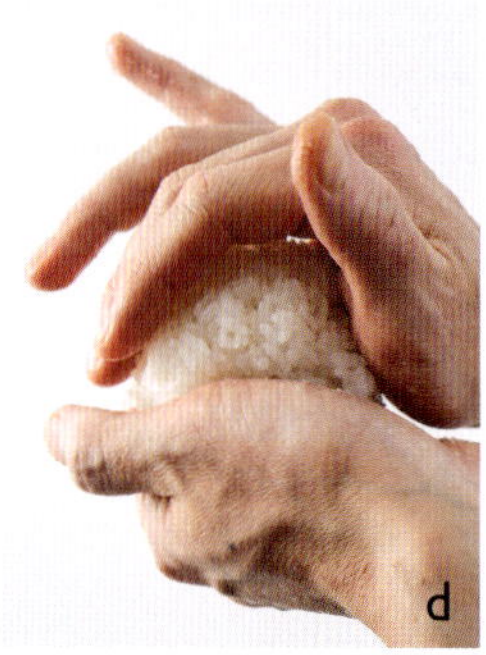

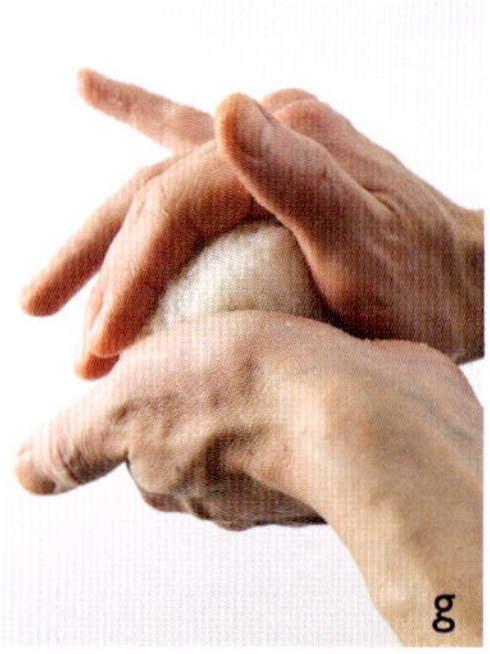

a 塩は指の第一関節くらいまでしっかりとつける。 b ごはんは手のひらにのるくらいの量をのせる。 c 手のひらと4本の指先を使ってごはんをはさむ。 d への字にした手は力を入れずに添えるだけ。 e 握るという意識は、ごはんを持っているほうの手に向ける。 f おにぎりの中心部を持ち、裏返す。 g d、eと同様に数回握って形をととのえる。

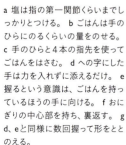

Step 1

基本のおかゆ

生米を多めの水で炊く、基本の作り方です。
厚手の鍋や土鍋を使うと、
ゆっくりと熱が伝わり、
よりふっくらなおかゆが炊けますよ。

材料（2人分・直径18cmの鍋）

・米——60g
・水——500mℓ

下ごしらえ

・米は洗い（P66の**2〜4**参照）、1時間ほど水につけ、ザルにあげて水けをきる。

作り方

1 鍋に分量の水と米を入れ、蓋をせずに火にかける。沸騰直前に鍋底をへらでかき混ぜ（a）、こびりついた米粒をはがす。

2 沸騰したら弱火にし、ときどきかき混ぜながら15分ほど炊く。途中で水分がなくなりそうな場合は、水適量を足す。

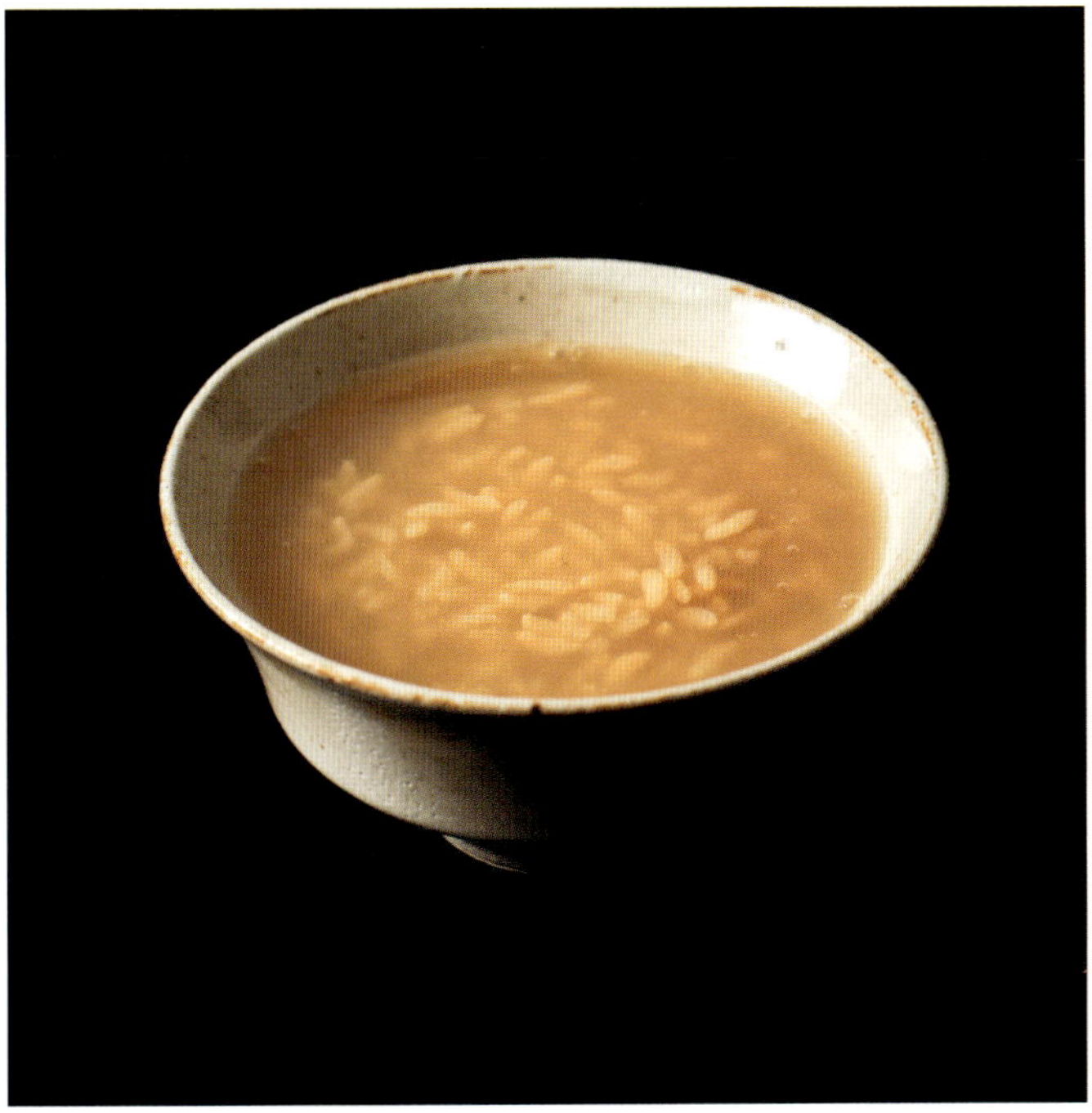

茶がゆ

祖母がよく作ってくれた、ほうじ茶を使った茶がゆ。
できたては漬け物との相性が抜群。冷めてもおいしいです。

材料（2人分・直径18cmの鍋）

・米——60g
・水——500mℓ
・ほうじ茶（茶葉）——大さじ2

下ごしらえ

・米は洗い（P66の**2〜4**参照）、1時間ほど水につけ、ザルにあげて水けをきる。

・ほうじ茶をお茶パックに入れる。

作り方

1 鍋に分量の水、米、ほうじ茶を入れ（a）、蓋をせずに火にかける。沸騰直前に鍋底をへらでかき混ぜ、こびりついた米粒をはがす。

2 沸騰したら弱火にし、ときどきかき混ぜながら15分ほど炊く。途中で水分がなくなりそうな場合は、水適量を足す。

Step 2

シンプルな味から始めましょう

おいしいごはんが炊けたら、次はシンプルなみそ汁を作ってみましょう。みそ汁といえば、かつお節と昆布のだしから作るもの、という概念があるかもしれませんが、まずは、そのだしは使わずに「水」でみそ汁を作ってみてください。素材本来の旨みや料理の仕組みを確認することができるので、料理を理解するには最高の出発点だと思います。

例えば、大根のみそ汁を水で作りましょうか。そのときに意識していただきたいのは、大根でだしをとるというイメージです。大根の味（汁）が出るから、大根のだしになります。みそ汁ができ上がったら、一口飲んでみてください。そして口に含んだ瞬間にどう感じるか、意識してください。この味が、自分のおいしさの基準を知る手掛かりになります。水でシンプルに作るからこそ、おいしさとは何かを考えやすくなります。そうして自分にとってのおいしさの基準を知ることが、今後の自分の料理の味つけのヒントになります。

水だけで大根を煮て、だしをとります。シンプルな味わいを自分はどう感じるのか、試してみましょう。

大根のみそ汁

大根の旨みを最大限に引き出したみそ汁は、日本料理が水の料理であることが理解できる一品。みそ汁の原点ともいえる調理法です。

材料（2人分）

・大根――200g
・油揚げ――1/2枚
・みそ――約30g
・濃口しょうゆ――小さじ1/2
・水――500mℓ
※みそは種類によって塩分量が異なるので、好みで調節してください。

下準備

・大根は3cm長さ、5mm角の棒状に切る。短時間で大根の味を引き出せるような切り方をすることがポイント。

・油揚げは横半分に切り、5mm幅に切る。

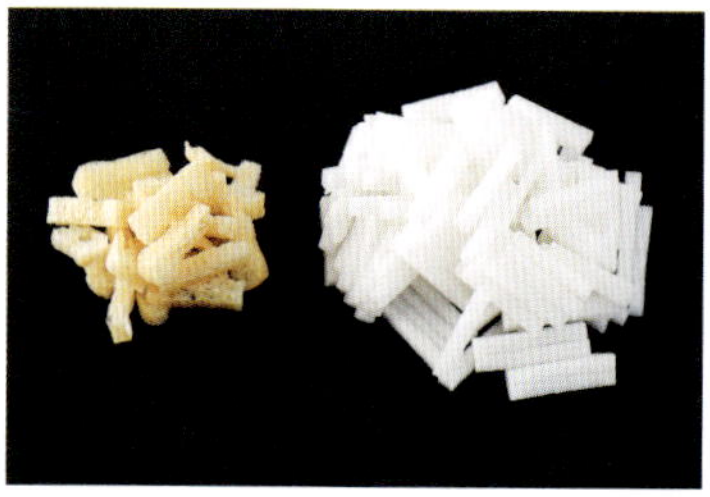

自分のおいしさの原点を知りましょう

シンプルな大根のみそ汁は自分の味の嗜好を確認するのに最適です。自分はどんな味がおいしいと感じるのか。そのためには何を加えたらいいのか。自分にとっての正しい答えを考える料理にしてください。シンプルな味を最初にうすいと感じても、だんだん慣れて、10日目にはちょうどよいと感じることがグラフからも読み取れます。

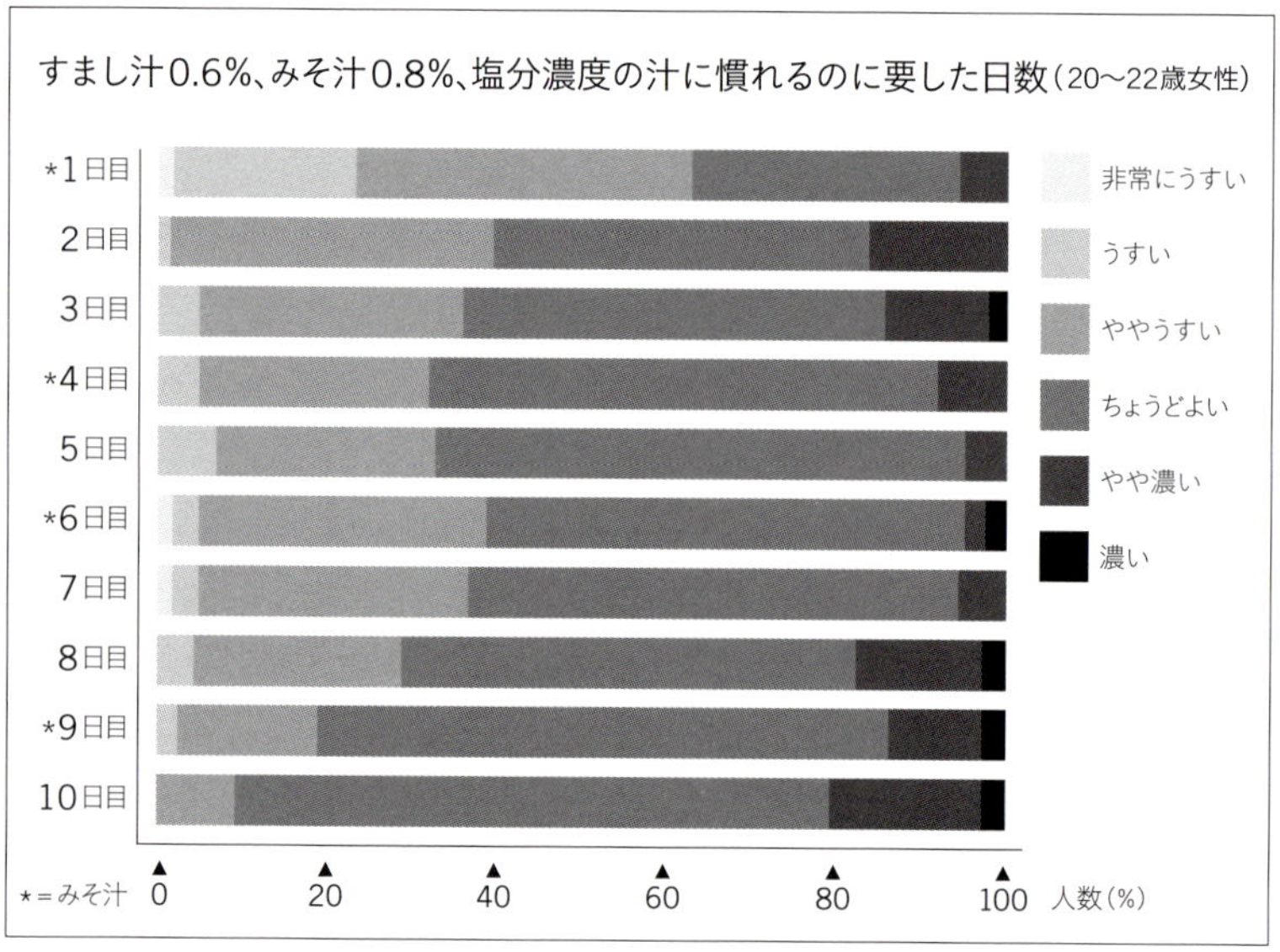

出典：松本仲子、福田加代子「栄養学雑誌」42,241,1984

大根をたっぷりと使うことで旨みが強くなります。
大根でだしをとるというイメージで作ると本質が見えてくると思います。

鍋に分量の水と大根を入れ、強火にかける。煮立ったらアクを軽く取り、中火で5分煮る。煮立ってからの火加減は、表面が3〜4カ所ポコポコと揺らぐくらいが目安。

油揚げを加え、さらに3分煮る。みそ汁に油揚げを加える場合、油のコクを足したいので油抜きはしなくてもよい。

みそを溶き入れる。みそは煮立てると香りが飛ぶので、注意する。

仕上げにしょうゆを加えてひと混ぜし、煮立つ直前に火を止める。しょうゆを加えることで味が引き締まり、みその香りを引き立てる。

「醲《じょう》肥《ひ》辛《しん》甘《かん》真《しん》味《み》ニ非《あら》ズ。真《しん》味《み》只《はただ》是《これ》淡《たん》ナリ」。これは、中国の古書『菜根譚（さいこんたん）』にある一文です。「濃厚な味というものは本当の味ではなく、真の味とはただ淡泊なだけの味である」という意味です。自分のおいしさを知る手掛かりにしてみてはいかがでしょうか。

キャベツと玉ねぎのみそ汁

野菜の甘みやごまの香りを楽しめます。
油で野菜を炒めることでコクが出てさらにおいしく。

材料（2人分）

・キャベツ——50g
・玉ねぎ——大1/4個（約80g）
・みそ——小さじ2〜3
・濃口しょうゆ
　——小さじ1/2
・水——500mℓ
・サラダ油——小さじ2
・白すりごま——大さじ1

下準備

・キャベツは3cm四方に切る。
・玉ねぎは繊維に沿って6mm幅に切る。

作り方

1 鍋にサラダ油を中火で熱し、キャベツと玉ねぎを入れ、パチパチと炒める音がしてから1分ほど炒める。

2 分量の水を加え、煮立ったら5分煮る。途中、2回ほど上下にかき混ぜる。

3 みそを溶き入れ、仕上げにしょうゆを加えてひと混ぜし、煮立つ直前に火を止める。器に盛り、ごまをふる。

Point こういう簡単な汁物で料理の味の仕組みを覚えましょう。味がうすく感じた場合は、油揚げやベーコンなどの油脂のおいしさを足します。風味が欲しければ、かつお節を足してください。このように、自分好みの料理を作るということで自分のおいしい味がわかるのです。

みそ汁の具は、基本的に何でも大丈夫です。余っている食材でいろいろ組み合わせて作ってみてください。たまにびっくりするほどおいしくできたりします。それが自分の得意料理になっていくのです。

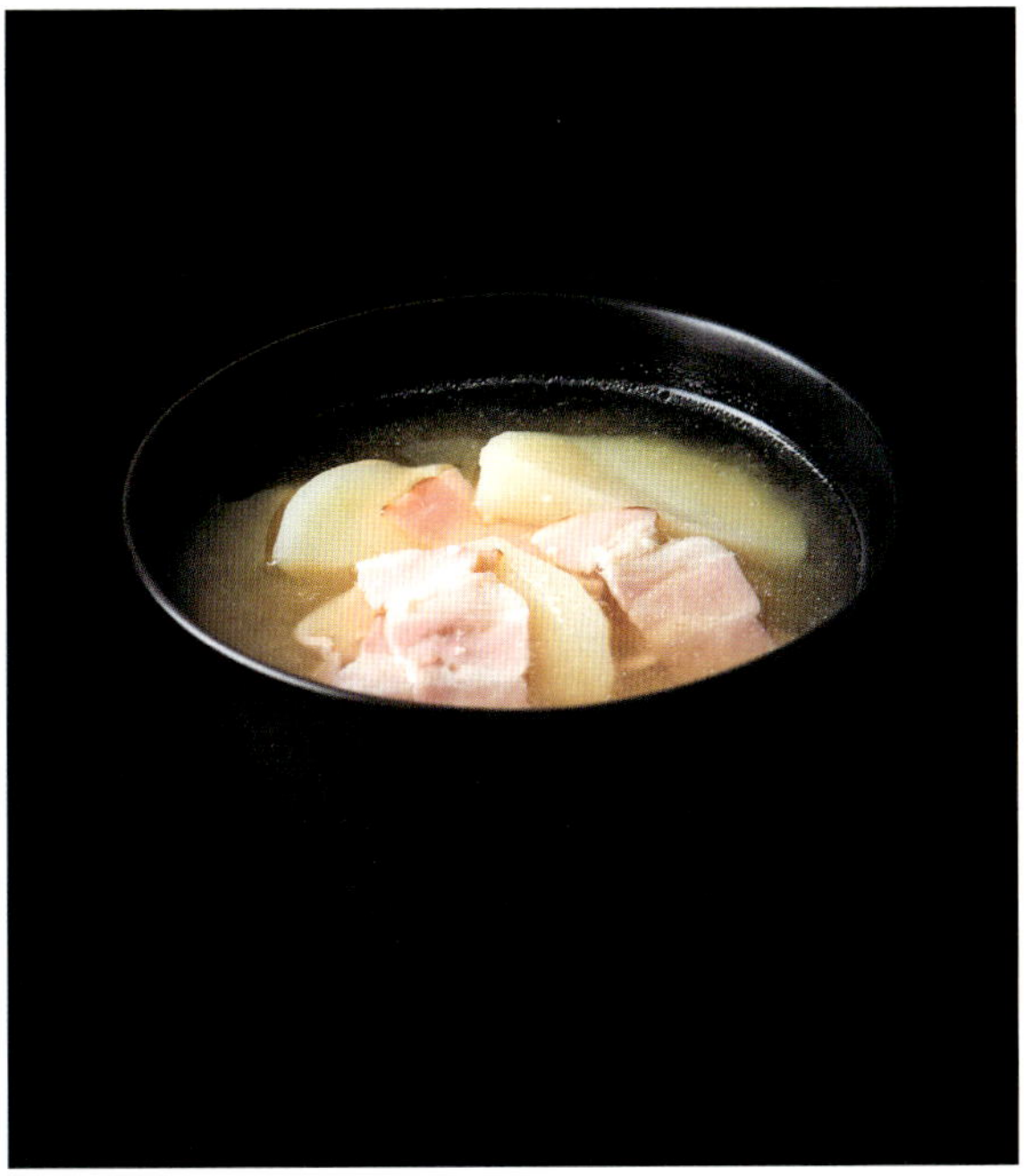

じゃがバタベーコンのみそ汁

じゃがいもと合うバターでコクをプラス。

材料（2人分）

- じゃがいも――1個
- スライスベーコン――40g
- バター――5g
- みそ――大さじ1
- 濃口しょうゆ――小さじ1/2
- 水――500mℓ

下準備

- じゃがいもは1cm幅の半月切りにする。
- ベーコンは1cm幅に切る。

作り方

1 鍋に分量の水とじゃがいもを入れ、火にかける。煮立ったら中火にして4分煮る。

2 ベーコンを加えてさらに2分煮る。

3 みそを溶き入れ、仕上げにしょうゆとバターを加えてひと混ぜし、煮立つ直前に火を止める。

Point バターは、みそ汁を器に盛ってから上にのせてもOKです。

きのこのみそ汁

きのこと油揚げを煮るだけでこのおいしさに。

材料（2人分）

- しめじ――80g
- えのきだけ――100g
- 油揚げ――1/2枚
- みそ――小さじ2〜3
- 濃口しょうゆ――小さじ1/3
- 水――400mℓ

下準備

- しめじは石づきを切り落とし、半分の長さに切る。
- えのきは根元を切り落とし、3等分の長さに切ってほぐす。
- 油揚げは1cm四方に切る。

作り方

1 鍋に分量の水、しめじ、えのき、油揚げを入れ、火にかける。煮立ったら中火にして3分ほど煮る。

2 みそを溶き入れ、仕上げにしょうゆを加えてひと混ぜし、煮立つ直前に火を止める。

豆腐とわかめの即席みそ汁

コツはたっぷりめにかつお節を入れること。かつおだしの香りをぜひ味わってください。

材料（1人分）

- ・絹ごし豆腐——40g
- ・わかめ（乾燥）——小さじ1/2
- ・かつお節——4g
- ・みそ——小さじ2/3〜
- ・熱湯——200mℓ

下準備

- ・豆腐は1cm角に切る。

作り方

1 器にわかめ、かつお節、みそを入れる。

2 熱湯を注ぎ、底からよく混ぜ、最後に豆腐を加える。

Point 旨みが足りない場合はかつお節を、塩分が足りない場合はみそを、濃いと感じた場合は、湯を足してください。

即席といいながら実はとても贅沢なみそ汁だと思っています。まさにかつおだしの香りを食べる料理ですね。市販のかつお節には大きめに削ったものと小さめに削ったものがあり、どちらを使ってもいいのですが、個人的には汁物は大きめ、薬味などは小さめが食べやすいです。

切り干し大根の吸い物

食感、口当たり、香りをじっくり味わって。

材料（1人分）

・切り干し大根（乾燥）——5g
・とろろ昆布——大さじ2
・かつお節——3g
・濃口しょうゆ
——小さじ1/2～
・熱湯——200mℓ
・おろししょうが——適宜

作り方

1 器に切り干し大根、とろろ昆布、かつお節、しょうゆを入れる。

2 熱湯を注ぎ、好みでしょうがを加える。

Point かつお節の代わりにコクが強いいわし節などで作るのもおすすめです。まずはしょうがを入れずに召し上がって、香りを楽しんでください。

梅干しとかつお節の吸い物

熱湯を注ぐだけで香り高い吸い物の完成です。

材料（1人分）

・梅干し——1/2個
・とろろ昆布——大さじ2
・かつお節——3g
・濃口しょうゆ
——小さじ1/2～
・熱湯——200mℓ

作り方

1 器にとろろ昆布、かつお節、しょうゆを入れる。

2 熱湯を注ぎ、梅干しをちぎって散らす。

Point 梅干しの種を一緒に入れると、より香りが引き立ちます。

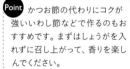

Step 3

味つけの極意は味をつけない知識から

料理をおいしくしようと思うと、つい味つけのことばかりに気をとられてしまうかもしれませんが、そうではありません。味をつけることよりも味をつけない知識、つまり味つけ以前の段階に関しての知識が必要です。そうした知識を、調理理論といいます。これをわかってこそ、おいしい料理が作れるようになるのです。ただし基本は料理によって変わりますから、この意味合いがわかってくる頃が、料理上手になってきた証だと思います。料理を何度も作っていると必ず「あ！」というわかった瞬間が訪れます。これが感覚です。そのとき初めて体で理解でき、自分の基準となり、今後の道しるべとなります。料理は五感を意識して作るとびっくりするくらいおいしいものができますから、あきらめずに「あ！」を探し続けてください。

　ここでは調理器具、火加減、切り方、計量、調味料それぞれについて、最初に知っていただきたいポイントを紹介します。味をつける前に、まずはここから始めましょう。

調味料の計量をはじめとした調理理論について、ポイントをしっかり押さえておきましょう。

テンションが最高に上がるアイテムを揃える

鍋を火にかける前に、ハートに火をつけてください！　料理をする前からキッチンでいかにテンションを上げるかが、かなり重要な要素です。だから、キッチンまわりには自分のテンションが最高に上がるアイテムを揃えましょう。

ザルやボウル、包丁やフライパンといった調理器具はもちろん、調味料や食器なども含め、自分の好きな色とか形を自分の「直感」で選んでください。ここがとても大事です。また、好きな音楽をかけたり絵を飾ったりするのもいいですね。僕は好きな作家さんの器を集めています。もし、どんなアイテムがいいのかわからなければ、料理好きな人に聞いてみると喜んで教えてくれると思います。そして一番テンションが上がるのは、キッチンが整っていること。片づけは次の料理の始まりです。

鍋とフライパンは大きさで味が変わる

鍋とフライパンを使うとき、一番意識してほしいのは「大きさ」です。何センチのものがよいというのではなく、「食材の量に適した大きさ」を使うということです。ポイントは「適した」というところで、食材が「入ればいい」ということではないので、ここは絶対的なポイントです。料理の味も見た目も、すべてここで決まるといっても過言ではないので、ぜひこの「適した」という感覚を本書のレシピから学んでください。

大きさ以外では、鍋なら少し厚みがあると均一に熱が入り、煮物や炒め物も上手にできます。あと、よく鍋が焦げたり汚れたりする場合、ほとんどは火力が強いのが原因です。火力は「内容量によって変化させる」のが極意です。

フライパンは、初心者の方にはフッ素樹脂加工のものがおすすめです。焦げつきにくく火加減の調整がラクで、上手に仕上がります。手際がよくなってきたら、鉄製もおすすめです。食材の香りや食感などのポテンシャルをより引き上げるので、味わいが広がります。

目で判断する

煮物などの火加減は煮汁の状態で判断する

かぼちゃを煮る場合の火力は？

弱め　沸騰せずに湯気だけ出ている。火力が弱すぎて煮汁がうまく対流しない。

最適　煮汁がフツフツと適度に沸騰し、材料はゆっくり静かに動く程度。煮汁が対流するので味や熱が均一に伝わる。

強め　煮汁がボコボコと沸騰して泡も大きい。材料がおどるのですぐに煮崩れする。最も適さない火力。

鍋で煮るときは基本的に、炎を直接見るのではなく鍋の中の状態を見極めて、火加減を判断します。具体的には、煮汁の沸騰具合が目安になります。直径20㎝の鍋なら、4〜6カ所から気泡が出て沸騰し湯気がゆらゆらと立っている状態が、基本の中火だと思ってください。これを「中」として、強弱を加減するとよいでしょう。

あとは、内容量に合わせて火加減を調節してください。煮物に限らず基本というのは料理ごとに変わるので、ベストな火加減は食材によって違います。この知識は大事です。煮物は、時間の経過とともに煮汁の量が減ってきますから、同じ火力だと徐々に沸騰が強くなります。常に煮汁の状態を見ながら、火加減を調節してください。

煮物の最初の火の大きさは、基本的に中火から強火の間です。沸騰したら、食材によって火加減を変えてください。また、落とし蓋をする場合は熱がこもって沸騰しやすくなりますから、考慮して火加減を調整してください。

※写真は煮汁の状態をわかりやすくするため、かぼちゃの量を減らしています。

音の変化を感じる

耳を澄まして
おいしい音を記憶する

調理中の音には、おいしい音がたくさんあります。聞こえる音に意識を向けて、リズムにのって料理を作ってください。特に加熱中は、音の変化がおいしさの目安になります。フライパンでの焼き物や炒め物の場合、焼く音（材料から水分が抜けて鳴る音）の大きさやリズムを感じながら、火加減を調整します。この「サウンド」が、火加減の見極めのポイントになります。揚げ物は、油のはねる音が揚げはじめは高く、だんだん低くなります。こういった変化を意識するだけでいいのです。この音になったらOK！ということではなく、音がおいしさの目安になるのです。こうした感覚は、回数を重ねてわかってきますから、作るたびに音を意識するだけで大丈夫です。その積み重ねで次の料理につなげてください。ちなみに、音と香りは記憶が正確です。包丁の音や煮物の香りなどをふと懐かしく感じるのも、そのせいでしょうね。

三徳包丁から始めましょう

料理を始めるなら、まずは三徳包丁を買うのがおすすめです。刃の長さは18〜20㎝のものが使いやすいです。まな板に合わせて、サイズを考慮してもよいと思います。握ってみて、手にフィットするかどうかも大切です。僕は少し重みを感じるものが好きで、切る際に安定するのでラクに作業できます。こういう自分なりのこだわりが「切る楽しみ」につながりますね。三徳包丁は日本で最も一般的で、肉、魚、野菜など幅広く使用できます。料理に幅が出てきたら、出刃包丁やペティナイフも使うと、作業効率がよくなります。ちなみに切った食材は、なるべく早く調理するのが極意です。

　包丁は、メンテナンスも大事です。どんな包丁でも使っているうちに切れ味が鈍くなります。砥石で研いで、切れ味を復活させましょう。包丁に愛着を持つことは、料理のセンスだと思います。

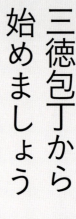

両手の法則から段取り上手に

包丁は、ある程度の知識を得たうえで切ると上達がとても早く、自己流で切るだけだとなかなかうまくなりません。ポイントは包丁の動かし方で、基本的に包丁は「前に突くように動かす」と、とてもよく切れます。上手な人には当たり前ですが、初心者の方にとっては衝撃だと思いますので、ぜひお試しください。刃先を下に落とすだけでは、繊維を潰すだけで上手には切れないのです。肉や魚の場合は特に意識してください。この切り方がマスターできると、かなり料理の幅も広がります。苦手な方は、上手な人に教えてもらうのがおすすめです。切る際の両手の役割分担として、教室では「両手の法則」というルールを作っています。切り物をしている間は、包丁は持ち手から離さない。材料を持つのは反対の手のみ。読めば簡単そうですが、これができる人は100%プロです。料理上手ということです。この法則は、肉や魚の場合は特に意識してください。両手が汚れると、その度に手を洗うことになり、手間が増えてしまいます。調理中は、時間の流れをスムーズにすることが大切で、これが段取りです。包丁は、常にきれいな手で握ってください。意識を続ければ、プロになります。

持ち方

握り型

通常の持ち方。小指を意識して握るとより安定する。野菜や肉、魚などはこの持ち方が基本となる。

指差し型

主に刺し身を引くときの持ち方。細かい切り物などにも。

切り方

突き切り

野菜を刻むときなどの基本的な切り方。包丁を前に突くようにして切り、手前に引いて戻す。

引き切り

主に刺し身を引くときの切り方。包丁を手前に大きく引くようにして切る。

姿勢

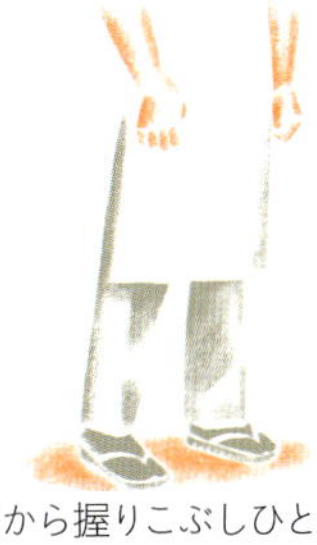

まな板から握りこぶしひとつ分をあけて立つ。利き腕側の足を少し後ろに引き、そのまま両足を、利き腕側へ約45度動かす。

食材を押さえる手

通常は軽く食材を握り込むような感じでよい。野菜などを細かく刻むときは、卵をやさしく握るように空間を作り、その第一関節に沿って包丁を動かす。

計量は正しい知識で

計量にも自信が必要です。味を正確に伝えるため、誰が計っても同じという基準が、計量の知識です。計量スプーンに関していえば、写真のような深型がおすすめです。持ち方は意識して水平にすることが大事で、また、液体と固体で確認の仕方が大きく違うので要チェックです。あとは、計量を計量で終わらせず、料理ごとに調味料の組み合わせや分量を、簡単でいいので意識してください。目分量で味つけできる日のために。

計量スプーン	
大さじ1	15ml
小さじ1	5ml
計量カップ	
1カップ	200ml
米専用カップ	
1合（1カップ）	180ml

液体

計量スプーンからこぼれ落ちるギリギリ（表面張力いっぱい）が、1杯の目安。

固体

計量スプーンの縁と同じ高さで平らにした状態が、1杯の目安。この状態を「すりきり」という。

料理教室がおすすめする調味料

調味料は、作り手のスキルを基準に選ぶとよいと思っています。僕は「調理に使う調味料は旨すぎないほうがよい」と考えています。料理が得意な方は、好みや直感でいろんな調味料を使ってください。感覚がすべてフォローしてくれます。味つけに自信がない、これから料理を始めたいという方は、8、35ページも参考に、全国的に手に入るスタンダードな調味料を揃えてください。下記の基本的なもので十分で、本書以外のレシピでも味がバランスよくぴったり決まります。味つけは、シンプルな調味料から始めると理解しやすいと思います。ちなみに、しょうゆは鮮度が維持できるタイプがおすすめです。

酢
米酢を使用。まろやかな味わいで、米の甘みなど風味豊か。

酒
料理酒は塩が添加されている場合もあるので、清酒を使用。

みりん
みりん風調味料や、みりんタイプ調味料ではなく、本みりんを選択。

淡口しょうゆ
濃口よりも塩分量が高い。色がうすいので、素材の色や香りを引き出す。

濃口しょうゆ
香りと旨みが強い。一般にしょうゆといえば濃口のこと。

砂糖
しっとりしていて保水性が高い。クセのない甘みが特徴で、砂糖といえば一般に上白糖を指す。

粗塩
粒が粗く、味がまろやか。漬け物を作るには最適。教室では食べる塩としてサラダや揚げ物などに上からかける。

精製塩
サラサラして使いやすく、本書ではこの塩を基本的に使用している。焼き塩でもよい。

講師の建前と本音

料理教室は料理を作るのが好きな人が集まるものと思っていたのですが、これがびっくり、嫌いな人が多いんです。もうこれは命がけでやらなあかんわって思いました。そして、いつも僕に料理を教えてくれるのは生徒のみなさんです。気づかされるんですね。教室はお互いが発見し合う場所なので、レッスンのアイデアもたくさんひらめきます。本書にも生徒のみなさんと築き上げたノウハウが詰まっているので、すべての料理に思い出があります。

調理理論をたくさん書きましたが、本音で語ると、料理は最初から理詰めでいくと余計にわからなくなります。頭でなるほど～って理解できても、経験がないので体がついていかないんですね。とりあえず深く考えないで作る。失敗(行動)して初めて、必要な知識がわかる。それを次の料理で活かして改善していくと、必ずおいしく作れるようになります。知識があるのと使いこなせるのは違うんですね。こだわり過ぎても疲れるだけで、炒める順番が違ったり切り方が多少悪くても、最終的にはそれなりのものができるんです。

それでもレッスンで僕が「型」にこだわるのは、限られた時間のなかで込めないと、記憶に残らないからです。レッスンで感じたものを材料として、卒業後の自分の料理に反映させていただくためにも、料理の度に僕の声が降りてくるほど、想いを込めてレッスンしています。

料理で一番難しく感じるのが味つけだと思います。毎回同じように仕上がらないという声を聞きますが、それは正しいことなんですね。プロも同じで、それを経験で補うのです。料理は天気と同じで、いつも変化するのが自然なことなのです。食材も自然の恵みですから。慣れてくればその違いは大したことではないと気づくのですが、初心者の方にとってはそこが最大の謎みたいなところがあって。続けることですべて解決しますから大丈夫です。家庭料理は味も品数もメリハリが大事で、わざと「おいしくない」料理を演出することも作り手のテクニックといいますか、食べ手の「当たり前」をいい意味で見つめ直すきっかけにもなるのではないでしょうか。

Part 4

〈いただきます〉流
和食の基本の作り方

調理理論とスタートアップをしっかり理解したら、いよいよ和食の基本の作り方を学びましょう。

和え物、煮物、焼き物、炒め物、揚げ物、スチーム料理など、どれも簡単にできる時短料理です。

ボイルにも目安があります

ボイルとは、ゆでることですね。沸騰した湯で材料に火を通し、食材のアクなどを取り除いて食べやすくする調理法です。これによって野菜類はやわらかくなり、肉類などのたんぱく質は固まるので、おもしろいですね。ボイルは「たっぷりの湯」と「沸騰してから材料を入れる」ということが大切なポイントになります。

例えば青菜などをゆでるとき、湯に塩を入れると思われがちですが、家庭ではその必要はありません。湯を「たっぷりめ」に使えば、温度が大幅に下がることはなく、短時間で均一に火が通って色鮮やかにゆで上がります。そして、ボイルにも目安を持ちましょう。料理では、誰もがわかるよーいドン！という合図が必要。ゆでる場合、「沸騰している」状態が、ボイルスタートの合図です。

ちなみに、大根などの根ものは水からゆでるのが基本になりますが、薄切りの場合など切り方によっては熱湯からボイルする場合もあることを知っておいてください。基本は料理ごとに違ってきますから、まずはレシピ通りに作って、ボイルの目安を覚えましょう。

ブロッコリーなど色の濃い野菜を鮮やかにおいしくゆで上げられると、うれしいですね。

野菜のおいしいゆで方

野菜のゆで方ひとつとっても、
目安となる知識があると自信を持って調理することができます。
知識は料理のお守りです。

ほうれん草

a

b

材料（ゆでやすい分量）

・ほうれん草——1束

下準備とゆで方

1 ほうれん草は4cm長さに切り、根元を包丁で鉛筆を削るように下処理し、2〜4等分に割く（a）。

2 たっぷりの沸騰した湯に根元を入れ、15秒ほどたったら葉と軸を一気に加え、箸で全体を沈め、上下に揺らしながらさらに45秒ほどゆでる（b）。ゆでるときに箸を上下に動かすのは、熱を均一に加えるため。ムラなく火が通り、アクが抜けて食べやすくなる。

3 水にとり、手で全体を動かし、しっかり冷めたら水けを絞る。ゆであがってそのままにしておくと、余熱で火が通り過ぎてしまい、色も悪くなるので必ず水にとる。また絞るときは、巻きすがあると便利。

Point ほうれん草は食べるときに味つけすることが多いので、ゆでる段階で塩は入れなくても問題ありません。

枝豆

材料（ゆでやすい分量）

・枝豆——1袋（約150g）

・精製塩（または焼き塩）——40g

下準備とゆで方

1 鍋に水1ℓを入れ、強火にかけておく。

2 枝豆は枝からさやを切り離し、大きめのボウルに入れて流水で洗い、表面の汚れを落とす。水けをきり、塩20gを加え（a）、両手で20秒ほどこすり合わせる（b）。ここで使う塩は、うぶ毛や汚れを取る役割。

3 残りの塩20gを1の沸騰した湯に入れ、枝豆を洗わずにそのまま入れる（c）。枝豆に塩をしたら、すぐにゆでること。塩をしてしばらくおくと、食感が悪くなる。

4 落とし蓋をして強火で沸かした状態で5分ゆで、ザルにあげて水けをきる（d）。食べてみて塩味が足りない場合は、熱いうちに塩適量（分量外）をふる。

Point 枝豆のゆで方のコツは湯の量と塩の分量、時間を計ること。ゆでたてがおいしさのピークなので熱々を召し上がってください。

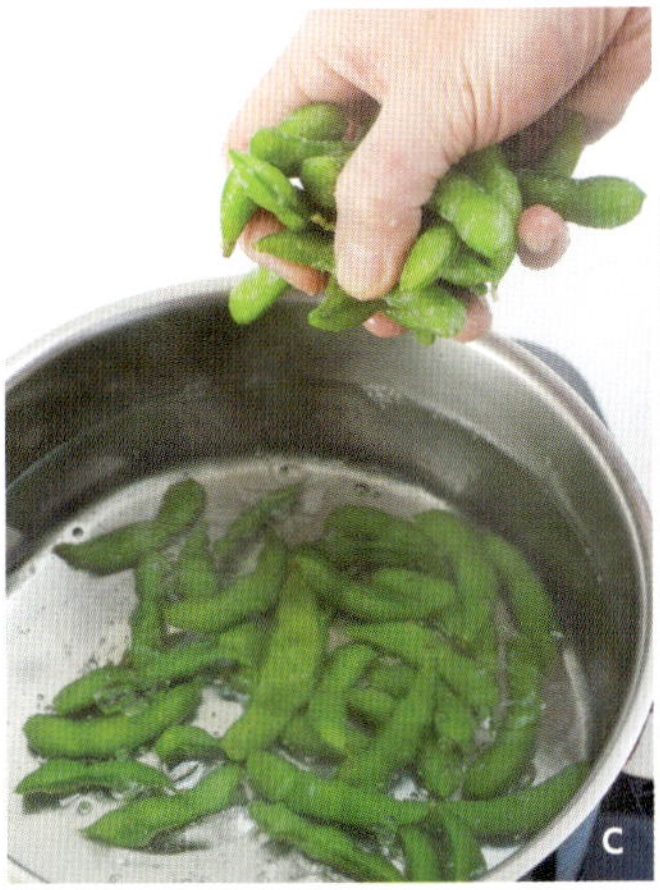

c

a

d

b

トマト

材料（ゆでやすい分量）

・トマト――1個

下準備とゆで方

1 トマトはヘタを包丁でくり抜く(a)。

2 たっぷりめの沸騰した湯に入れ、10秒ほど湯の中で転がす。皮が自然とめくれてきたら(b)、水にとり、冷めたら皮をむく(c)。

Point 簡単にサラダとして食べるなら湯むきは必要ないですが、和え物や煮物に使う場合は、皮をむいておくことで食べやすくなります。

ブロッコリー

材料（ゆでやすい分量）

・ブロッコリー――1/2株

下準備とゆで方

1 ブロッコリーは小房に分け、大きいものは軸からつぼみに向かって切り込みを入れ(a)、手で左右に割るようにして半分にする。

2 沸騰した湯に入れ、落とし蓋をして2分ゆでる(b)。ほうれん草と同様、ゆでるときに塩は入れなくてもよい。

3 ザルにあげ、水けをきる(c)。ブロッコリーは熱に強く、変色しにくいので、水にとらなくてよい。そのままザルにあげたほうが水っぽくならずに済む。

Point ブロッコリーは包丁で全部切らず、切り込みを半分まで入れて手で割くと、つぼみが散りません。また、ゆで時間は2分というのがおすすめ。食感と香りが活きておいしく食べられます。

大根（薄切り）

材料（ゆでやすい分量）

・大根――100g

下準備とゆで方

1 大根は2㎜厚さのいちょう切りにする(a)。

2 沸騰した湯に入れて2分ほどゆでる(b)。水にとり、冷めたら水けをきる。

Point 大根のゆで時間は冬と夏では違い、冬のほうが短い時間で火が通ります。覚えておくとおいしく作るコツにつながります。また根菜類は水からゆでるという基本がありますが、食材の大きさや厚みで変わります。

オリーブオイル和え2種

大根のオイル和え

大根は薄切りにしてゆで時間を短縮。
食感を出したい場合は、皮つきで。

ブロッコリーのオイル和え

ゆでたてのブロッコリーとかつお節の
香りが湯気とともに広がります。

ブロッコリーのオイル和え

材料（2人分）

・ブロッコリー――1/2株
・オリーブオイル――適量
・かつお節――適量
・濃口しょうゆ――適量

下準備

・ブロッコリーは小房に分け、大きいものは食べやすい大きさにする。沸騰した湯に入れ、落とし蓋をして2分ゆでる。ザルにあげ、水けをきる（右ページ参照）。

作り方

1 器にブロッコリーを盛り、オリーブオイル、しょうゆ、かつお節の順にかける。食べるときに和える。

大根のオイル和え

材料（2人分）

・大根――150g
・オリーブオイル――適量
・かつお節――適量
・濃口しょうゆ――適量

下準備

・大根は2㎜厚さのいちょう切りにし、沸騰した湯に入れて2分ほどゆでる。水にとり、冷めたら水けをきる（右ページ参照）。

作り方

1 器に大根を盛り、オリーブオイル、しょうゆ、かつお節の順にかける。食べるときに和える。

Point こういう一品で味つけの練習をしてください。オイルをどれだけ使ったらおいしくなるのだろうとか、逆に使わなかったらどうなるのだろうとか、いろいろ試してみてください。しょうゆの量も食材の量とのバランスが大事です。かつお節は旨みと香りの補充です。簡単な料理で味つけのヒントがみえてきますよ。

ごま和え2種

ほうれん草のごま和え

甘さを控えめにした定番のごま和えです。
丁寧な下処理で根元までおいしくいただきましょう。

材料 (2人分)

・ほうれん草——1/2束
A
・白すりごま——大さじ2
・濃口しょうゆ、水——各小さじ1
・砂糖——小さじ1/2

下準備

・ほうれん草は4㎝長さに切り、根元を包丁で鉛筆を削るように下処理し、2〜4等分に割く。たっぷりの沸騰した湯に入れてゆで、水にとり、冷めたら水けを絞る(P95ほうれん草参照)。

作り方

1 ボウルにAを混ぜ合わせる。

2 器にほうれん草を盛り、1をかける。食べるときに和える。

Point 今回は和え衣を上にかける盛りつけにしましたが、いんげんのごま和えのように和えてから盛りつけても食べやすいです。

いんげんのごま和え

歯応えのあるいんげんと黒ごまの風味がよく合います。
白ごまで同じように作ってもおいしいです。

材料 (2人分)

・さやいんげん——80g
A
・黒すりごま——大さじ2
・濃口しょうゆ——大さじ1/2
・砂糖——小さじ1

下準備

・いんげんはヘタを切り落として4㎝長さに切り、沸騰した湯に入れて2分ゆでる。水にとり、冷めたら水けをきる。

Point いんげんはゆでているときに浮いてくるので、落とし蓋をするか、箸で上下に混ぜて均一に火を通します。

作り方

1 ボウルにAを混ぜ合わせる。

2 いんげんを加えてしっかり和える。

Point Aの和え衣といんげんのなじみをよくするために、水小さじ1/2を加えてもいいです。味は変わらないので、作業しやすいほうで作ってみてください。

ごま油和え2種

もやしの塩昆布ナムル

塩昆布とごま油で簡単に味が決まります。

小松菜のナムル

じゃこの塩けとしょうがの風味がよくきいています。

小松菜のナムル

材料（2人分）

- 小松菜——1/2束
- ちりめんじゃこ（またはしらす干し）——大さじ2
- おろししょうが——小さじ1/2
- A
  - ごま油——小さじ1と1/2
  - 濃口しょうゆ——小さじ1/2

下準備

・小松菜は3cm長さに切る。沸騰した湯に入れ、箸で揺らしながら45秒ほどゆでる。水にとり、冷めたら水けを絞る。

作り方

1 ボウルに小松菜をほぐしながら入れ、Aを加えて和える。

2 ちりめんじゃことおろししょうがを加えてさっと和える。

もやしの塩昆布ナムル

材料（2人分）

- もやし——100g
- 塩昆布——小さじ2（約7g）
- 白いりごま——小さじ1/2
- ごま油——小さじ1

下準備

・もやしは沸騰した湯に入れて30秒ゆでる。水にとり、冷めたら水けをしっかりきる。

作り方

1 ボウルにもやし、残りの材料を入れ、軽く和える。

Point ナムルの味つけは、食材が違ってもごま油と塩分が基本です。冷蔵庫に余った食材をゆでていろいろなナムルを作ってみてください。ときに最高の逸品ができあがりますよ。

梅肉和え2種

オクラの梅おかか和え

酸味のある梅干しと粘りけのある
オクラのバランスが絶妙です。

ミニトマトと梅干しの和歌山和え

故郷の名産物・梅干しとミニトマトを
使った地元愛に溢れる逸品です。

材料（2人分）

- ミニトマト——8個
- 梅干し——1個

A ｜・砂糖、オリーブオイル——各小さじ1/2

下準備

- ミニトマトは湯むきする（P96トマト参照）。湯むきすることで、味のなじみが格段によくなり、舌触りもなめらかになる。
- 梅干しは種を取り除き、包丁で細かくたたいてペースト状にする。

作り方

1 ボウルに梅干しとAを混ぜ合わせ、ミニトマトを加えてやさしく和える。湯むきしたトマトはやわらかいのでつぶれないように扱う。

Point 梅干しは、はちみつ味など好みのもので大丈夫です。ミニトマトは、湯むきしていつもと違った味わいを楽しんでください。食材自体が料理になる魅力的な野菜です。

材料（2人分）

- オクラ——6本
- 梅干し——1個
- かつお節——小さじ2
- 砂糖——小さじ1/2

下準備

- オクラはガクを取り除き、粗塩適量（分量外）で板ずりし、すぐに沸騰した湯に入れて2分ゆでる。水にとり、冷めたら水けをきり、2〜3等分に斜めに切る。
- 梅干しは種を取り除き、包丁でたたいてペースト状にする。

作り方

1 ボウルに梅干しと砂糖を混ぜ合わせ、オクラを加えてなじむように和える。

2 仕上げにかつお節を加えて軽く和える。

Point 和え物に使うかつお節は、小さめに削ったものがおすすめです。

おろし和え2種

春菊とにんじんのおろし和え

春菊とにんじんの色のコントラストが美しい。

材料（2人分）

・春菊――1/2束
・金時にんじん――30〜40g
A ｜・オリーブオイル――小さじ1
　｜・濃口しょうゆ――小さじ2/3
・白いりごま――適宜
※にんじんは、西洋にんじんでも作れます。

下準備

・春菊は葉を摘んで3等分に切り、軸は3cm長さに切る。沸騰した湯に軸を入れ、15秒ほどたったら葉を加え、箸で揺らしながらさらに15秒ほどゆでる。ザルにあげ、冷めたら水けを絞る。

・にんじんは皮つきのまますりおろす。

作り方

1 ボウルににんじんとAを混ぜ合わせ、春菊をほぐしながら加えて軽く和える。

2 器に盛り、好みでごまをふる。

なめこのおろし和え

香り高い三つ葉を加えて上品に。味だけではなく、食感も意識して。

材料（2人分）

・なめこ――1/2袋
・大根――150g
・三つ葉――6本
A ｜・濃口しょうゆ――小さじ1
　｜・砂糖――ひとつまみ

下準備

・三つ葉は根元を切り落とし、たっぷりめの沸騰した湯で5秒ほど色出しする。水にとり、冷めたら水けを絞り、2cm長さに切る。

・同じ湯になめこを入れ、箸でぐるぐる混ぜながら30秒ほどゆで、ザルにあげて水けをしっかりきる。

・大根はすりおろし、軽く水けをきる。

作り方

1 ボウルに三つ葉、なめこ、大根おろしを合わせ、Aを加えてなじむまで和える。

Point おろし和えは、作りやすく、料理のレパートリーとして知っておくと便利です。

温かいみそ和え2種

ねぎとわかめのぬた和え

ごはんのおかずにぴったりの一品。冷やせば、お酒の肴としても。

キャベツのごまみそ和え

キャベツが熱いうちに混ぜると、みそとごまの香りが立ちます。

キャベツのごまみそ和え

材料（2人分）

- ・キャベツ——150g
- ・白すりごま——小さじ2
- A ・みそ——大さじ1
- 　・砂糖、水——各小さじ1
- 　・おろししょうが——小さじ1/2〜

下準備

・キャベツは4㎝四方に切り、さっと洗い、耐熱皿に広げる。水大さじ1（分量外）を回しかけてからラップをかけ、電子レンジで3分ほど加熱する。

作り方

1 ボウルにAを混ぜ合わせ、水けをきったキャベツを熱いうちに加え、よく和える。

2 ごまを加え、さっくりと和える。

ねぎとわかめのぬた和え

材料（2人分）

- ・長ねぎ——1本
- ・わかめ（乾燥）——小さじ2
- ・かつお節——小さじ2
- A ・みそ——小さじ1と1/2
- 　・砂糖、水——各小さじ1/2

下準備

・わかめはたっぷりの水につけて戻し、水けを絞る。

・長ねぎは水に濡らして1㎝長さに切り、水けを残したまま耐熱皿に広げる。ラップをかけ、電子レンジで1分30秒ほど加熱する。

作り方

1 ボウルにAを混ぜ合わせ、わかめと長ねぎを加えてよく和える。

2 かつお節を加え、さっくりと和える。

Point みそ和えのコツは、食材が熱いうちに和えること。なじみがよく、みその香りが立ち、よりおいしくなります。

煮物は水から。水で作っておいしい理由を知る

水に食材の旨みを引き出して、そこに味をつけて煮る。シンプルな料理だからこそ、味を見つめやすく学びやすいので、ここでは水を土台とした煮物を紹介したいと思います。

煮物を作るときに大切なのは、旨みをどこからどうやって引き出すか、ということです。素材から出る旨みを「だし」といいます。これを上手に引き出してあげると、かつお節と昆布のだしを使わなくても、十分においしい煮物が仕上がります。素材の個性を見極めると、それにふさわしい調理法や味つけの答えが出てきます。本書では、いろんな素材の旨みの使い方が学べるようカリキュラム仕立てにしましたので、体系的に理解していただけると思います。

そして煮物は、甘辛い味が基本になります。素材の甘み（旨み）に塩分（しょうゆや塩）をのせるのが、和食の味つけの基本だからです。煮物に限らず、料理には味の「型」があるので、まずはその型をまねしてください。それがレシピです。目分量で作る前に、レシピから調味料の組み合わせやバランスなどの本質を学びましょう。

水で煮て素材本来の味を引き出し、煮汁で調味料の味を含ませて仕上げます。

かぼちゃの煮物

水で煮ておいしい代表選手。かぼちゃは旨みが強いので、かつおと昆布のだしで煮なくても十分おいしくなります。まずはこの味から和食を学びましょう。

材料（作りやすい分量・直径20cmの鍋）

・かぼちゃ――大1/4個（約450g）
・水――500mℓ
・砂糖――大さじ3
・濃口しょうゆ――大さじ1と1/2
・塩――小さじ1/3弱

下準備

・かぼちゃはスプーンで種とわたを取り除き、包丁の刃元のほうを使って大きなかたまりに切ってから（a）、3〜4cm角に切る。包丁の刃元で皮をところどころ薄く削り（b）、さっと洗う。

Point 大事なのは、全体的に同じくらいの大きさに切ることです。また、皮を削ることで味のしみがよくなります。かぼちゃの皮はかたいので、安定性のある刃元のほうを使いましょう。

作り方

1 鍋にかぼちゃを重ならないように皮目を下にして並べ（c）、分量の水を入れる。

2 落とし蓋をして火にかけ、沸騰したら弱めの中火にして5分間火を通す。火加減は、煮汁の表面が数カ所小さくフツフツと沸騰するくらいをキープする（d）。

3 砂糖を加え（e）、同様の火加減をキープしながら3分間煮る。

4 しょうゆと塩を加え（f）、ほんの少し沸騰するくらいの火加減に調節して6分ほど煮る。火を止め、そのまま20分ほどおいて味を含ませる。

Point これ以上煮ると必ず煮崩れるので火を止め、余熱で味を含ませます。火を止めたら終わりではなく、火を止めてからも調理しているという意識が大事です。また、落とし蓋はアルミ製や木製、クッキングシートなど、どれを使っても大丈夫です。

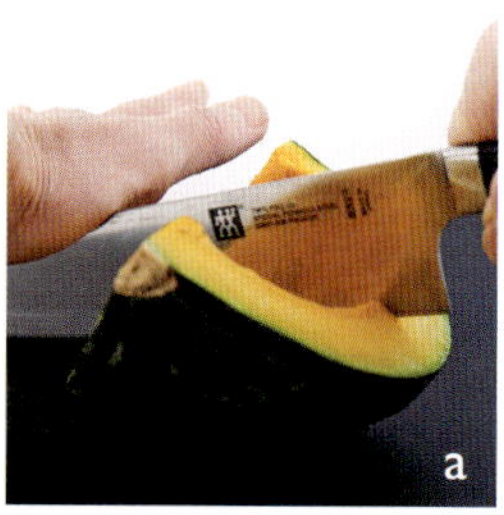
a

b

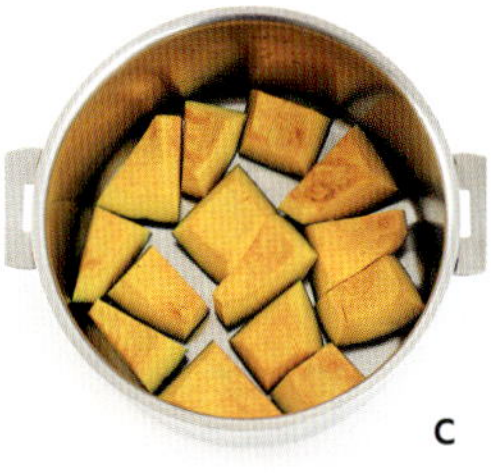
c

d

e

f

里いもの煮っころがし

料理教室で大好評の煮物。角が崩れても大丈夫。ホクホクした里いもとかつお節の食感が新鮮です。

材料 (作りやすい分量・直径20cmの鍋)

・里いも——中10〜12個 (約600g)

A
・水——350mℓ
・酒——大さじ1

B
・砂糖——大さじ2
・みりん——大さじ1/2

・濃口しょうゆ——大さじ1
・かつお節——適宜

下準備

・里いもはボウルに入れ、流水を注ぎながらすり合わせて洗い、水けをきる。皮を少し厚めにむき、3〜4cm角に切る(a)。少し多めの水から下ゆでし、沸騰したら弱めの中火にして10分、竹串がすっと通るまでゆでる。鍋ごと流水にさらし、ぬめりや泡を軽く洗い流しながら粗熱を取り、水けをきる。

Point 里いもの下ゆでは、沸騰直前にお玉で白いぬめりを半分程度すくい取り、ふきこぼれないように火加減を調節する。

作り方

1 鍋に里いもとAを入れ、落とし蓋をして火にかける。煮立ったらBを加え、中火にして5分ほど煮る。

2 しょうゆを加えて落とし蓋をし(b)、煮汁の量が3mm程度になるまで煮詰める。この時点までの時間が18分前後になるように火加減を調節する。焦がさないように、ときどき鍋の中を見る。

3 落とし蓋を取り、へらで里いもを軽く転がしながら、ほとんど煮汁が残らない程度まで煮詰める。

4 器に盛り、好みでかつお節をかける。

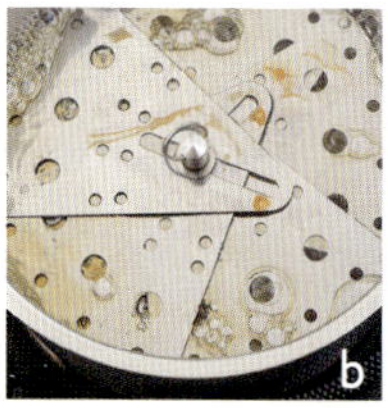

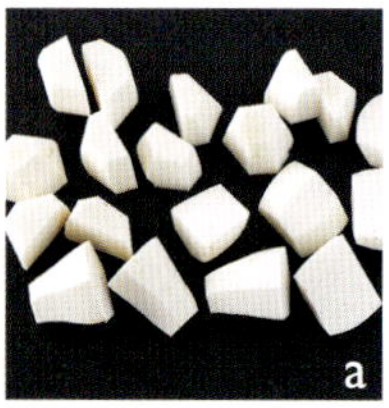

冬瓜のしょうがあん

冬瓜は食感が五ツ星。
とろけるようなやさしい味わいが楽しめます。

材料 (2人分・直径18㎝鍋)

- 冬瓜——300〜400g
- 花かつお——12g
- おろししょうが——適量
- 水——400㎖
- A
  - 淡口しょうゆ——大さじ1と1/3
  - みりん——小さじ1
- 水溶き片栗粉
  ——片栗粉、水各大さじ1

下準備

- 花かつおをだしパックなどの袋に入れる。
- 冬瓜は大きめのかたまりに切ってから種とわたを取り除き、皮を少し厚めにむき(a)、6〜8㎜厚さの一口大に切る。たっぷりめの水から下ゆでし、沸騰したら中火にして10〜12分ゆで、鍋の湯を捨てる。
- 水溶き片栗粉を混ぜ合わせる。

作り方

1 下ゆでした鍋に分量の水と袋に入れた花かつおを加え(b)、落とし蓋をして火にかける。煮立ったらAを加え、中火にして6分ほど煮る。

2 落とし蓋を取り、火を止めて花かつおを取り出す。

3 水溶き片栗粉を回し入れ、すぐにお玉で全体をよくかき混ぜ、とろみをつける。火にかけて10秒ほど煮立たせ、あんがなめらかになったら火を止める。

4 器に冬瓜を盛り、あんをたっぷりめにかけ、しょうがを添える。

豚バラ大根と青ねぎのさっと煮

大根と豚肉の旨みがだしとなる最高の一品。
濃口と淡口しょうゆのバランスも大事です。

材料 (2人分・直径18cmの鍋)

- 豚バラ薄切り肉 (しゃぶしゃぶ用)
  ——100g
- 大根——250g
- わけぎ——2本
- A
  - 水——400mℓ
  - 淡口しょうゆ——大さじ1と1/2
  - 濃口しょうゆ——大さじ1/2
  - みりん——大さじ2
  - 酒——大さじ1
- おろししょうが、白いりごま
  ——各適宜

下準備

- 大根は薄いいちょう切りにする。
- わけぎは3cm長さに切る。
- 豚肉は3cm幅に切る。

作り方

1 鍋にAと大根を入れ、火にかける。煮立ったら中火にし、箸で大根を1枚1枚はがすように混ぜながら3分煮て、均一に火を通す。

2 豚肉をほぐしてから加え、全体を混ぜ合わせながら2分煮る。ときどきアクを取り、わけぎを加えて同様に2分煮る。

3 器に盛り、好みでしょうがをのせ、ごまをふる。

Point シンプルな料理こそレシピ通りに作ることが大切です。正確にまねすることが料理上手への一番の近道です。

[西芝との味の相性] この「豚バラ大根と青ねぎのさっと煮」と、P111の「きのこの酒煎り」は、僕がとても好きな味になりますので、ぜひお試しください。

きのこの酒煎り

香りと食感が醍醐味。煮汁に対してたっぷりのきのこが驚き。
しっかりかき混ぜて、上手においしさを引き出しましょう。

材料（2〜3人分・直径18cmの鍋）

- しめじ――150g
- えのきだけ――200g
- 三つ葉――15本
- A
  - 水――350mℓ
  - 酒――大さじ2と1/2
  - みりん――大さじ1と1/2
  - 淡口しょうゆ――大さじ1
  - 塩――小さじ1/2

下準備

・しめじは石づきを切り落とし、ほぐす。

・えのきは根元を切り落とし、半分の長さに切って軽くほぐす。

・三つ葉は2cm長さに切る。

作り方

1 鍋にAを合わせ、火にかける。煮立ったら中火にして1分30秒ほど加熱し、煮汁のアルコール分を飛ばす。

2 きのこをすべて加え、強めの中火でしっかり混ぜ合わせる。再度煮立ったら、ときどきアクを取りながら2分30秒ほど火を通す。その間も混ぜながら煮る。

3 火を止め、三つ葉を加えて全体をかき混ぜる。

4 器に煮汁と一緒に盛る。

Point 酒がたっぷりの煮汁で火を通すことによって、きのこの旨みを最大限に活かすことができます。ぜひ、煮汁と一緒にできたてを食べてみてください。また、三つ葉をたっぷりめに入れて香りを立たせるのもポイントです。三つ葉は香りの演出家です。

かぶのそぼろ煮

手に入りやすいかぶが高級感のある料理に大変身。
ゆずがあれば、季節感も風味も格段に上がります。

材料（作りやすい分量・直径20cmの鍋）

- かぶ――小5個
- 鶏ももひき肉――300g

A
- 酒――50mℓ
- 水――100mℓ

B
- 水――430mℓ
- みりん――大さじ3と1/2
- 淡口しょうゆ――大さじ1
- 塩――小さじ1/2

- 水溶き片栗粉
  ――片栗粉、水各大さじ2と1/3
- かぶの葉（刻む）、
  ゆずの皮（みじん切り）――各適量

下準備

- かぶは茎を切り落とし、汚れたところだけ皮をむく。小さいかぶは全体の皮をむかなくても大丈夫。
- 水溶き片栗粉を混ぜ合わせる。

Point 初めて作るときは、作り方1の火加減に注意してください。鍋が焦げないようにゆっくり火を通してそぼろ状にします。

作り方

1 鍋にひき肉とAを入れ、弱めの中火にかける。へらで全体をかき混ぜながら、焦げつかないように火を通し、そぼろ状になって煮立ってきたら弱火にして2分ほど煮詰める。

2 Bを加えて強めの中火にし、煮立ったら軽くアクを取り、かぶを加えて落とし蓋をし、弱めの中火にして12～15分煮る。途中、かぶを上下に返す。火を止め、20分ほど余熱で火を通す。

3 かぶを器に盛り、煮汁は火にかけ、煮立ったら火を止める。お玉で煮汁をかき混ぜながら水溶き片栗粉を少しずつ加え、とろみがついたら再度火にかけ、混ぜながら30秒ほど煮立たせて火を止める。

4 かぶの上にあんをたっぷりかけ、ゆでたかぶの葉とゆずの皮を散らす。

小松菜と油揚げのさっと煮

煮干しと油揚げのだしがしみる温かいおひたしです。

材料 (2人分・直径18〜20cmの鍋)

・小松菜——1束
・油揚げ——1/2枚
・煮干し——10本
・水——500mℓ
A ・みりん——大さじ1
　・淡口しょうゆ——大さじ2/3

下準備

・煮干しは手で3等分に割く（頭と腹わたは好みで取り除く）。鍋に入れ、分量の水を加えて10分ほどつけておく。

・小松菜は3〜4cm長さに切る。

・油揚げは縦半分に切り、5mm幅の短冊切りにする。

作り方

1 下準備した鍋にAと油揚げを加えて火にかける。

2 煮立ったら小松菜を加え、強火で箸で全体を上下に動かしながら火を通す。再び煮立ったら2分ほど煮る。

こんにゃくの土佐煮風

粉かつおの風味をきかせた煮物です。小さめの鍋が◎。

材料 (3人分・直径16〜18cmの鍋)

・こんにゃく（アク抜き済み）——1枚
A ・水——200mℓ
　・みりん——40mℓ
　・濃口しょうゆ——20mℓ
・サラダ油——小さじ1
・粉かつお——適量
・一味唐辛子——適宜

下準備

・こんにゃくは両面に斜めの切り目を5mm間隔に入れ、2cm角に切る。

作り方

1 鍋にサラダ油を中火で熱し、こんにゃくを入れ、パチパチと音がしてきたら1分ほど炒める。

2 Aを加え、落とし蓋をして煮立ったら中火にして12〜15分煮る。仕上がりは、煮汁が少し残っている状態がよい。

3 器に盛り、粉かつおをまぶし、好みで一味唐辛子をふる。

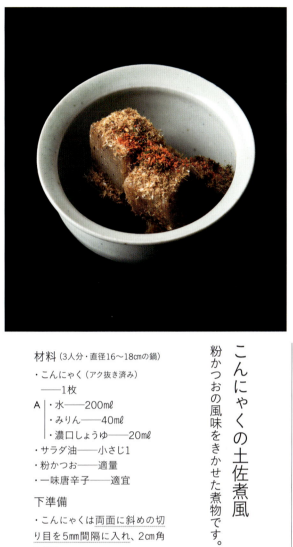

ひじき煮

最後にかつお節を混ぜるだけで、新しい食感とおいしさに出会えます。

材料（4人分・直径20㎝の鍋）

・芽ひじき（乾燥）——30g
・油揚げ——1枚
・にんじん——50g
・かつお節——大さじ4
・サラダ油——大さじ1と1/2
A ・水——300㎖
　・砂糖——大さじ2
　・酒——大さじ1
・濃口しょうゆ——大さじ1

下準備

・ひじきはたっぷりの水に30分～1時間つけて戻し、水けをきる。

・油揚げは縦半分に切り、5㎜幅の細切りにする。

・にんじんは3㎝長さ、5㎜幅くらいの細切りにする。

作り方

1 鍋にサラダ油を中火で熱し、ひじきを入れ、パチパチと音がしてから1分ほど炒める(a)。

2 にんじんと油揚げを加え、さっと炒めてなじませたらAを加える。煮立ったらアクを取り、中火にして5分ほど煮る。

3 しょうゆを加え、煮汁の量が5㎜程度になるまで20分ほど煮詰める(b)。火加減は常にフツフツした状態をキープし、ときどきひじきの上下を返すように混ぜる。

4 食べる際に、かつお節を加えて混ぜる。

Point 煮汁を少し残して仕上げると、冷めるときにひじきが煮汁を吸って、しっとりとしたひじき煮になります。

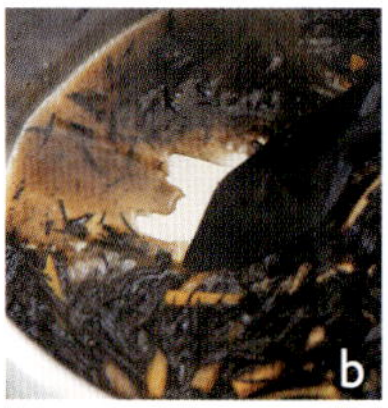
b

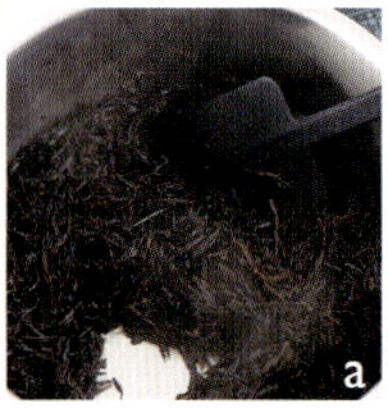
a

切り干し大根の煮物

ごま油で炒めて風味とコクを出しました。
切り干し大根の戻し汁は、おいしいだしになります。

材料（2〜3人分・直径20cm前後の鍋）

・切り干し大根（乾燥）——60g
・油揚げ——1/2枚
・にんじん——40g
・ごま油——大さじ2/3
A
・切り干し大根の戻し汁——500mℓ
・砂糖、みりん、淡口しょうゆ——各大さじ1
・濃口しょうゆ——小さじ2

下準備

・切り干し大根は600mℓの水に3〜4分つけて戻し、軽く水けを絞る。戻し汁を500mℓとっておく。

・油揚げは横3等分に切り、5mm幅の細切りにする。

・にんじんは2cm長さ、1.5cm幅くらいの短冊切りにする。

作り方

1 鍋にごま油を中火で熱し、切り干し大根を1分ほど炒めて香りを出す。

2 A、にんじん、油揚げを加え、落とし蓋をして煮立ったら中火にして10分ほど煮る。途中、2分に1度は上下を返す（a）。

3 煮汁の量が1/3程度になったら（b）、火を止める。

b

a

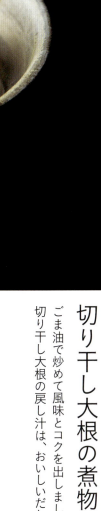

肉じゃが

絶対に上手になりたい和食の基本料理。
かつおと昆布のだしを使わなくても
おいしい最高の肉じゃがをフライパンで作ります。

材料（作りやすい分量・直径28cm前後のフライパン）

・牛切り落とし肉――250g
・じゃがいも――3個（約450g）
・玉ねぎ――2個（約400g）
・にんじん――100g
・さやいんげん――8本
・サラダ油――大さじ2/3
A ・水――500mℓ
・みりん、濃口しょうゆ
――各大さじ4
・砂糖――小さじ1と1/2

下準備

・じゃがいもは6等分に切る（a）。

・玉ねぎは縦半分に切り、繊維に沿って5〜6等分に切る（a）。

・にんじんは皮つきのまま3〜4cm長さの乱切りにする（a）。

・いんげんはヘタを切り落として3等分に切る。2分ゆでて水にとり、粗熱が取れたら水けをきる。

Point じゃがいも、玉ねぎ、にんじんの大きさで仕上がりまでの時間が決まります。このレシピは、20分前後で仕上がることを前提としているので、小さすぎると煮崩れの原因になります。

作り方

1 フライパンにサラダ油を中火で熱し、じゃがいもと玉ねぎを入れ、油を全体に回すように1分ほど軽く炒める（b）。

2 Aを加え、煮汁が冷たいうちに牛肉をほぐすようにして加える（c）。煮汁が熱いと肉がすぐにかたまり、ほぐれにくくなる。

3 火加減を強火にし、煮立ったら軽くアクを取り、中火にしてにんじんを加える。じゃがいもとにんじんは味が入りにくいので、常に煮汁の中で煮るようにし（d）、ときどき上下を返しながら20分ほど煮る。火加減はぐつぐつと適度に煮立たせた状態をキープする（e）。

4 煮汁の量が1/3量程度になったら火を止める（f）。いんげんを散らし、そのまま20分ほどおいて味をなじませる。

Point 作り方3では20分前後で煮汁の量が1/3量程度になるように、自分で残り時間を見ながら火加減を調節しましょう。これが正しい火加減の本質です。

a

b

c

d

e

f

鶏団子と白菜の煮物

ふんわりとした鶏団子ととろりとした白菜が絶品。
やさしい味わいの煮物です。
さわやかな辛みのある山椒がよく合います。

材料（2人分・直径18cmの鍋）

・白菜——250g

A
- ・鶏ももひき肉——150g
- ・酒——大さじ2
- ・砂糖、淡口しょうゆ、片栗粉、おろししょうが——各小さじ1
- ・塩——ふたつまみ

B
- ・水——400mℓ
- ・酒、濃口しょうゆ——各大さじ2
- ・砂糖、みりん——各大さじ1と1/2
- ・塩——ふたつまみ

・粉山椒——適宜

下準備

・白菜は4cm長さに切り、芯は1cm幅、葉は4cm幅に切る。

Point 白菜は芯のほうを小さめに、葉のほうを大きめに切るのがポイントです。切り方ひとつで味の含みと食感が全く違ってきます。

作り方

1 ボウルにAを入れてよく混ぜ合わせる。

2 鍋にBを合わせ、火にかける。煮汁を加熱しながら1をスプーンで10等分の団子状にして入れ（a）、煮立ったら中火にし、落とし蓋をして4分煮る。一旦取り出し（b）、乾燥しないようにラップをかける。

3 白菜を入れ（c）、落とし蓋をして煮立ったら中火にして8分煮る。途中、一度上下を返すと味のなじみがよくなる。

4 3に鶏団子を戻し入れ（d）、落とし蓋をして2分煮る。

5 器に盛り、好みで粉山椒をふる。

Point 最初に鶏団子を煮ることで、鶏だしをとっているという料理の考え方です。その鶏だしで白菜を煮るから、おいしくなります。また、鶏団子を一旦取り出すことで、加熱し過ぎを防ぎ、ボソボソとした食感ではなく、ふんわりした食感に仕上がります。

鶏のやわらか煮 しゃぶしゃぶねぎ添え

時間がおいしさを作る代表的な一品です。長ねぎの食感と一緒に楽しんでください。

材料（作りやすい分量・直径20cmの鍋）

- 鶏もも肉——2枚
- 長ねぎ——1と1/2本

A
- 水——1ℓ
- 酒——50mℓ

B
- 砂糖——大さじ2
- 濃口しょうゆ——大さじ2と1/2
- みりん——大さじ1
- 塩——小さじ1/2強

下準備

- 鶏肉は4等分に切り、沸騰した湯に10秒ほど入れて霜降りにする（P126の写真c参照）。水にとり、粗熱が取れたら水けを拭く。

作り方

1 鍋に鶏肉とAを入れ、落とし蓋をして強火にかける。沸騰したら中火にして20分ほど煮る。

2 Bを加え、落とし蓋をして弱めの中火にしてさらに40分ほど煮る。火を止め、そのまま20分ほどおいて味を含ませる。

3 鶏肉を煮ている間に長ねぎを斜め薄切りにし、ほぐす。

4 器にまず2の鶏肉だけを盛る。鍋に残った煮汁を煮立てて3を2回に分けて入れ、箸で軽く混ぜながら火を通す。鶏肉に添え、煮汁をかける。

Point 最初からすべての調味料を入れるのではなく、まず水と酒だけで煮ることがやわらかく仕上がる秘訣です。

肉豆腐

牛肉の旨みがしみた豆腐と、甘い玉ねぎが美味。
焼き豆腐を使うと崩れにくく、おいしそうに仕上がります。

材料（2～3人分・直径20cmの鍋）

- 牛薄切り肉――200g
- 玉ねぎ――大1/2個（約150g）
- 焼き豆腐――1丁（300g）
- わけぎ――3本
- A
  - 水――400mℓ
  - 濃口しょうゆ――大さじ3と1/2
  - みりん、砂糖――各大さじ2

下準備

- 牛肉は一口大に切る。
- 玉ねぎは4～6等分の半月切りにし、爪楊枝を刺す。煮込んでいる間の煮崩れを防ぎ、形を維持できる。
- 焼き豆腐は軽く水けをきり、4～6等分に切る。
- わけぎは5cm長さの斜め切りにする。

作り方

1 鍋にAを合わせ、火にかける。煮立ったら中火にし、牛肉を入れてほぐしながらさっと火を通し、一旦取り出して乾燥しないようにラップをかける。

2 玉ねぎと焼き豆腐を入れ、落とし蓋をして7分ほど煮る。

3 牛肉を戻し入れてわけぎを加え、3分煮る。

Point 鶏団子と白菜の煮物（P118）と同様に、牛肉を一旦取り出すのは、煮込み過ぎてかたくなるのを防ぐためです。

筑前煮

卒業生のみなさんやそのご家族からも絶賛されている一品。
根菜がおいしい冬こそがこの料理の旬です。
おせち料理にもおすすめですよ。

材料 (作りやすい分量・直径20cmの鍋)

・鶏もも肉——1枚 (約250g)
・干ししいたけ——大3枚
・ごぼう——100g
・れんこん——200g
・こんにゃく (アク抜き済み)
——1/2枚 (100g)
・にんじん——80g
・ごま油——大さじ2
A ・干ししいたけの戻し汁
——400mℓ
・酒、みりん——各大さじ2
・砂糖、濃口しょうゆ
——各大さじ2と1/2
・絹さや (塩ゆでする)——適量
・ゆずの皮 (せん切り)——適量

下準備

・干ししいたけは200mℓの水に10分ほどつけ、水を捨てる(捨て漬け)。再度500mℓの水につけ、冷蔵庫で一晩戻す(a)。軸を取り除き、4〜6等分に切る。戻し汁を400mℓとっておく。

・鶏肉は余分な皮と脂を取り除き、2.5cm角の一口大に切る。

・にんじん、ごぼうは乱切りにする。

・れんこんは皮をむき、1.5cm厚さのいちょう切りにする。

・こんにゃくは両面に斜めの切り目を5mm間隔に入れ、2cm角に切る。

作り方

1 鍋にごま油、鶏肉、こんにゃくを入れて油となじませる(b)。中火にかけ、鶏肉の表面が白くなるまで炒める(c)。

2 ごぼうとれんこんを加えてさっと炒め、油が回ったら、Aと干ししいたけを加える(d)。煮立ったら軽くアクを取り(e)、煮汁の表面が少し強めに煮立っている程度の火加減に調節して10分ほど煮る。途中、2分ごとに上下を返す。

3 にんじんを加え(f)、さらに12分ほど煮る。途中、1〜2分ごとに具材の上下を返しながら均一に火を通す。

4 煮汁が少なくなってきたら(残り3分ほど)、照りがつくようにときどき混ぜ(g)、煮汁がほとんどなくなるまで煮詰める。

5 器に盛り、絹さやとゆずの皮を散らす。

Point 煮汁が煮立ったら、タイマーを25分にセットしてスタート。煮汁の残量と残り時間を考えて火加減を決めます。

a

b

c

d

e

f

g

金目鯛の煮つけ

魚の煮つけのコツは、少ない煮汁で炊くことです。
新鮮な魚は、素材を活かして短時間で炊き、中は白く、
ふっくらとした仕上がりに。煮汁をつけながら召し上がれ。

材料（2人分・直径18cmの鍋）

- 金目鯛（切り身）——2切れ
- ごぼう——60g
- わけぎ——2本
- しょうが（薄切り）——2枚
- A
  - 水——180mℓ
  - 砂糖、酒、濃口しょうゆ——各大さじ2
  - みりん——大さじ2と1/2

下準備

- 金目鯛はさっと水で洗い、余分な水けをペーパータオルで拭く(a)。
- ごぼうはたわしなどで表面を軽く洗い、4cm長さに切る。ごぼうが太い場合は、さらに縦に2〜4等分に切る。
- わけぎは4cm長さに切る。

作り方

1 鍋にAを合わせ、金目鯛、ごぼう、しょうがを入れ(b)、落とし蓋をする。強火にかけ、煮立ったらアクを取り、強めの中火にして泡が出ている状態で5〜6分煮る(c)。

2 落とし蓋を取り、わけぎを加え、お玉で煮汁を金目鯛にかけながら3分ほど煮詰める。

3 器に盛り、煮汁を少し多めにかける。

Point 魚を煮るときは、「泡の中で炊く」というイメージです。こういった火加減のイメージを持つことが大事です。また、落とし蓋を使うことで少ない煮汁でも均一に味をしみ込ませ、煮崩れを防ぐことができます。

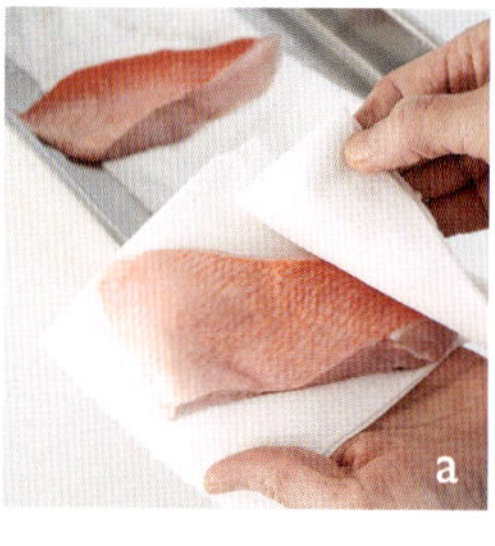
a

b

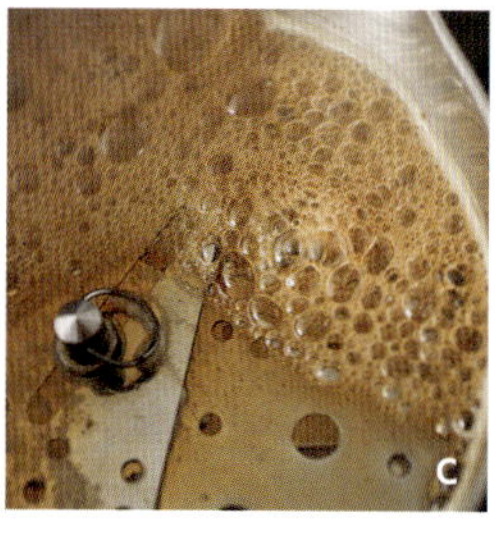
c

d

ぶり大根

丁寧に下準備をしたぶりは、
大根との相性がとてもよく、味がしみわたります。
冬の寒ぶりで作るぶり大根は格別ですよ。

材料（2人分・直径20cmの鍋）

- ぶり（切り身）——2切れ（1切れ約100g）
- 大根——200g
- 塩——小さじ1/3
- A
  - 水——300mℓ
  - 酒——大さじ3
  - 砂糖——大さじ2と1/2
  - 濃口しょうゆ——大さじ2
- ゆずの皮（せん切り）——適量

下準備

- 大根は1.5cm幅の半月切りにし、たっぷりの水から落とし蓋をして下ゆでする(a)。竹串が通るが少しかためくらいがベスト。水にとり、粗熱をしっかり取る。
- ぶりは大きければ半分に切り、両面に塩をまぶして20分ほどおく(b)。沸騰した湯に差し水をして80℃くらいにし、10秒ほど入れて霜降りし(c)、水にとってウロコやぬめりがあれば取り除き(d)、水けを拭く。

作り方

1 鍋にぶりを並べ、Aを入れて落とし蓋をする。強火にかけ、煮立ったらアクを取り、中火にして6分煮る。ぶりを一旦バットに取り出し(e)、乾燥しないようにラップをかける。

2 下ゆでした大根を入れて落とし蓋をし(f)、フツフツした状態の火加減で15分ほど煮る。

3 ぶりを煮汁に戻し入れ(g)、ペーパータオルで落とし蓋をして3分ほど煮る(h)。火を止め、そのまま30分ほどおいて味を含ませる。

4 器に盛り、煮汁を少し多めにかけ、ゆずの皮をのせる。

Point できたてのおいしさと、次の日のおいしさがあります。両方の味をぜひ楽しんでください。

さばの甘辛煮　ゆずこしょう風味

さばは鮮度が味つけに直結します。
ピリッとした辛みが酒の肴にもぴったりです。

材料（3人分・直径18cmの鍋）

・さば（中骨つき半身）——1枚（約160g）
・しょうが（薄切り）——3枚
・長ねぎ——1/2本
A ・水——150mℓ
　・酒——大さじ4
B ・濃口しょうゆ——大さじ2
　・砂糖——大さじ2と1/2
・ゆずこしょう——小さじ1/4〜1/3
・一味唐辛子——適宜

下準備

・さばは3等分に切り、霜降りして（P126のC参照）水にとり、粗熱が取れたら水けを拭く。
・長ねぎは白髪ねぎにする。

Point さばは、できれば骨つきがベストです。骨からも旨みが出て煮崩れも防げます。また、さばは固体差が大きいので重さをしっかりと計りましょう。

作り方

1 鍋にさばを皮目を上にして入れ、Aとしょうがを加え、火にかける。

2 アクが出てきたら取り、煮立ったらBを加えて落とし蓋をする。フツフツと落とし蓋が動く程度の弱めの中火にして7分ほど煮る。ときどき鍋を動かして煮汁を全体に回す。

3 ゆずこしょうを加え、1〜2分煮て火を止める。

4 器に盛り、煮汁をかけて長ねぎを添える。好みで一味唐辛子をふる。

Point アクを取るときは煮汁が少ないので鍋を傾けると取りやすいです。また、さばは火加減が強過ぎると味が抜けてしまうので気をつけてください。この料理はシンプルな味つけなので、脂がのる季節が特におすすめです。さばは種類によって旬が異なります。

さわらのふっくら煮

ふっくらとやわらかいさわらに感激します。
わかめともよく合い、さわら料理のなかで一番おいしい。

材料（2人分・直径18cmの鍋）

・さわら（切り身）――2切れ
・わかめ（乾燥）――大さじ1
・長ねぎ――1/2本
A
・水――120mℓ
・酒――大さじ3
・濃口しょうゆ、みりん
――各大さじ1と小さじ1

下準備

・さわらは霜降りして（P126のC参照）水にとり、粗熱が取れたら水けを拭く。
・わかめはたっぷりの水につけて戻し、水けを絞る。
・長ねぎは斜め薄切りにする。

作り方

1 鍋にAを合わせ、さわらを入れて落とし蓋をし、強火にかける。アクが出てきたら取り、煮立ったら中火にして4分煮る。

2 わかめと長ねぎを加え、落とし蓋をしてさらに4～5分煮る。

3 器に盛り、煮汁をかける。

Point さわらをふっくら煮るポイントは、火加減と時間を守り、煮詰め過ぎないことです。

フライパンで作るおいしい和食を極める

家庭料理はなるべく簡単で時短がいいと思っているので、僕はよくフライパンを使います。和食というと鍋のイメージがあるかもしれませんが、フライパンは大きな鍋だと思ってください。焼き物や炒め物はもちろん、煮物、蒸し物、揚げ物など、どんな料理も作れる万能調理器具です。フライパンを使う場合は、特に「音」を意識してください。火加減と食材から出る音は連動していますから、その感覚を身につければ、焼き色具合や火の通り加減などの目安をつけやすくなります。あとは、フライパンの表面全体を上手に使うことがコツです。例えば鶏の照り焼きを作るとき、途中で調味料を加えたら意識して箸を大きく動かし、フライパンの表面全体を使って調味料を煮詰めることが大事です。こういった感覚的な要素を、本書では可能な限り文字で表現しましたので、ぜひレシピから感覚も学んでください。不思議ですが、フライパンで和食を作るほうが、なぜか簡単そうな感じがしますね！　これが最大の魅力でしょうか。

料理を始めるなら、フッ素樹脂加工のフライパンがおすすめ。いろいろな調理法に挑戦しましょう。

基本の目玉焼き

黄身はまろやか、白身は縁がカリカリに焼けた目玉焼き。
シンプルな料理を丁寧に作ると自信につながります。
卵料理の最初の一歩です。

材料（1人分・直径28cmのフライパン）

- 卵――1個
- 水――大さじ1/2
- サラダ油――小さじ1

下準備

- 卵は平らなところで軽くたたき（a）、小さいボウルに両手で割り入れる。

Point 殻が入る確率を減らすために、角ではなく平らなところでたたくのがポイント。また、直接フライパンに割り入れてもいいですが、一度小さいボウルに入れ、丁寧に落ち着いて仕上げる方法をぜひ試してみてください。

作り方

1 フライパンにサラダ油を中火で熱し、卵をそっと流し入れる（b）。

2 蓋をして1分ほど焼き、分量の水を加え（c）、好みのかたさに焼く。水を加えて蒸し焼きにすることで白身がふっくらに仕上がる。

Point フライパンに蓋をするかしないかは、食感や卵黄の火の通り方の好みです。また、サラダ油をオリーブオイルにしたり、食べるときの味つけをこしょうやしょうゆにしたりなど、自分の好きな食べ方を見つけるのも楽しいですよ。

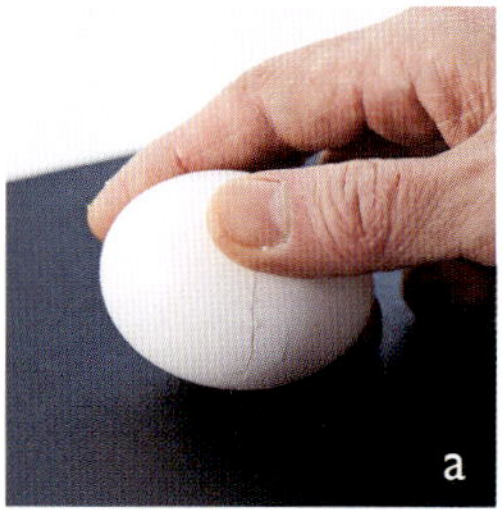

厚焼き卵

厚焼き卵は、適度な焦げ目をつけながら焼くのがポイント。
甘さのなかに、ほどよい苦味がアクセントになります。
みりんを加えることで上品な甘さに。

材料（2人分・19×14cmの卵焼き器）

・卵——3個（M）

A
・砂糖——小さじ2
・みりん、淡口しょうゆ——各小さじ1

・サラダ油——適量

下準備

・ボウルに卵を割り入れ、箸を開くように持ち、ボウルの底に箸の先端をつけながら左右に動かして溶きほぐし、しっかりコシを切る。Aを加え、砂糖が溶けるまでよく混ぜ合わせる。

作り方

1 卵焼き器を中火で熱し、ペーパータオルを使ってサラダ油をひく。箸の先端に卵液をつけ、漢数字の「一」がかけるくらいになったら（a）、卵液を1/5量程度流し入れる。

2 卵液を全体に広げ（b）、表面に8割程度火が通ったら、卵焼き器を手前に傾け、向こう側から手前に巻き込む。最初はたたむ感じ。

3 空いた部分に油をひき、卵焼きを向こう側によせ、手前にも油をひく。卵液を適量流し入れ（c）、卵焼きの下にも卵液を入れる（d）。

4 2、3を繰り返して焼く。あれば巻きすに取り出して形をととのえ、食べやすい大きさに切る。

Point 火加減が強いと焦げやすいので調節が大切です。適度な焦げ目がある食べ物の本質的なおいしさは、バウムクーヘンやプリンのカラメルといったデザートと同じです。

鶏の照り焼き

照り焼きのポイントは、最初に焼き過ぎないこと。
箸を左右に動かしながらたれをからめるのが大切です。
やわらかく仕上がった照り焼きをぜひお楽しみください。

材料（2人分・直径28cmのフライパン）

・鶏もも肉――1枚（約300g）
・長ねぎ――1/2本
・小麦粉――大さじ1/2
・サラダ油――大さじ1
A
・濃口しょうゆ、みりん――各大さじ1と1/2
・酒――大さじ2
・砂糖――小さじ2/3
・粉山椒――適宜

下準備

・ボウルにAを入れ、砂糖が溶けるまでよく混ぜ合わせる。

・長ねぎは3cm長さに切り、切り込みを2〜3mm間隔に入れる。火の通りがよくなり、味もからみやすい。

・鶏肉は余分な皮と脂を取り除き（a）、皮目を下にして約3.5cm四方に切る（b）。バットに重ならないように並べ、焼く直前に茶こしを使って両面に小麦粉を均一にまぶす（c）。小麦粉をまぶすことで、たれがよくからみ、照りが出ておいしそうに仕上がる。

作り方

1 フライパンにサラダ油を中火で熱し、鶏肉を皮目を下にして入れる。長ねぎを加えて蓋をし、2分ほど焼く。途中、長ねぎに焼き色がついたら裏返す。

2 鶏肉の皮目に焼き色がついたら裏返し（d）、蓋をして弱めの中火で1分ほど焼く。

3 8割程度火が通ったら火を止め、余分な油をペーパータオルで拭き取り（e）、Aを加える。強めの中火にかけ、箸を左右に大きく動かして全体を混ぜ合わせ（f）、煮立ったら中火にし、たれが2割程度になるまで煮詰める。火加減は、軽く煮立っている状態をキープする。

4 器に盛り、たれをかけ、好みで粉山椒をふる。

Point 鶏肉を焼き始めて2分ほどで焼き色がつくように、火加減を調節することがポイントです（写真d）。

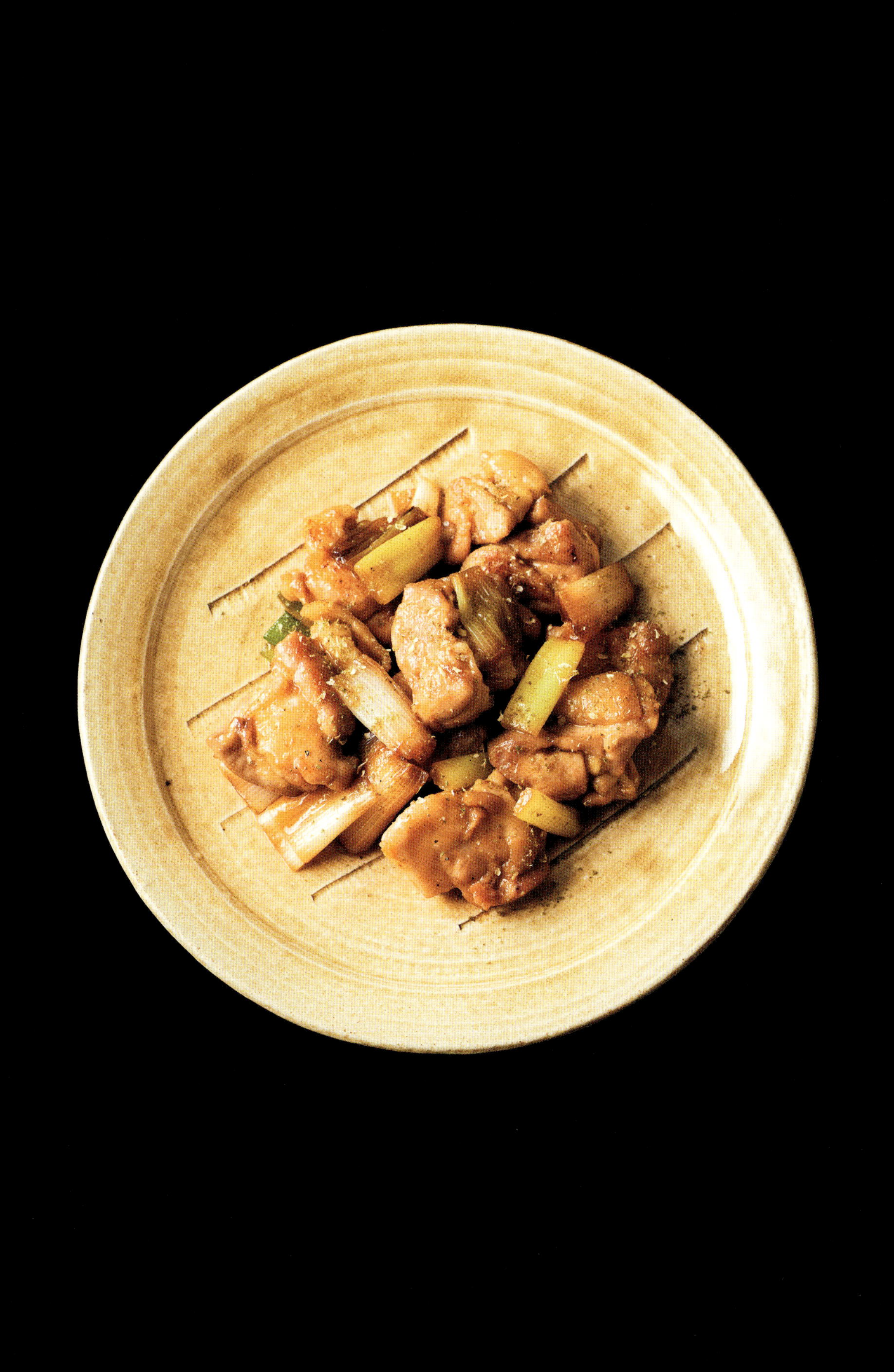

鶏つくねの照り焼き

つくねは、れんこんのすりおろしを加えてみてください。もちっとした食感になり、上品な口当たりが新鮮です。

材料（2〜3人分・直径28cmのフライパン）

・鶏ももひき肉——200g
・れんこん——100g
・青じそ——5枚
・サラダ油——大さじ1

A
・酒——大さじ1
・砂糖——小さじ1と1/2
・片栗粉——小さじ1
・塩——ふたつまみ
・こしょう——少々

B
・砂糖——大さじ2/3
・濃口しょうゆ、みりん、酒——各大さじ1と1/2

・卵黄——2〜3個分

下準備

・ボウルにBを入れ、砂糖が溶けるまでよく混ぜ合わせる。

・れんこんは皮をむき、半分は大きさによって1㎝厚さの輪切りか半月切りにし、半分はすりおろす。

・青じそは5㎜四方に切る。

作り方

1 ボウルにひき肉とAを入れ、粘りが出るまでよく混ぜる。青じそとすりおろしたれんこんを加えて混ぜ合わせ、10等分に分ける。

2 フライパンにサラダ油をひき、1を平たく丸めながらフライパンに並べ、輪切りにしたれんこんも一緒に並べる。

3 弱めの中火にかけ、パチパチと音がしてきたら蓋をして2分ほど蒸し焼きにする。きつね色になったら裏返して弱火にし、蓋をしてきつね色になるまでさらに2分ほど焼く。

4 火を止め、余分な油をペーパータオルで拭き取り、Bを加える。強めの中火にかけ、箸を左右に大きく動かして全体を混ぜ合わせ、煮立ったら中火にし、照りが出て少しとろみがつくまで煮詰める。

5 器に盛り、卵黄を添える。

豚肉のしょうが焼き

ふんわりと軽く焼くプロの味です。
コツを押さえてやわらかいしょうが焼きを作りましょう。

材料 (2人分・直径28cmのフライパン)

・豚肩ロース薄切り肉――200g
・小麦粉――小さじ1
・サラダ油――大さじ1
A
・濃口しょうゆ――大さじ1
・みりん――小さじ2
・酒――大さじ2
・砂糖、おろししょうが――各小さじ1
・貝割れ菜――適宜

下準備

・ボウルにAを入れ、砂糖が溶けるまでよく混ぜ合わせる。

・豚肉は大きめの一口大に切り、バットに広げる。焼く直前に茶こしを使って両面に小麦粉を均一にまぶす。バットは２枚ほど使うと作業がしやすい。

Point 甘めが好みの場合は、みりんを小さじ1足してください。

作り方

1 フライパンにサラダ油をひき、豚肉を広げて入れ、中火にかけて両面を7割程度さっと焼く(a)。この時点でおいしそうな焼き色をつける必要はない。焼き過ぎに注意。

2 火を止め、余分な油をペーパータオルで拭き取り、Aを加える。強めの中火にかけ、箸を左右に大きく動かして全体を混ぜ合わせ、煮立ったら中火にし、たれが半分くらいになるまで煮詰める。とろみと照りが出たら火を止める。

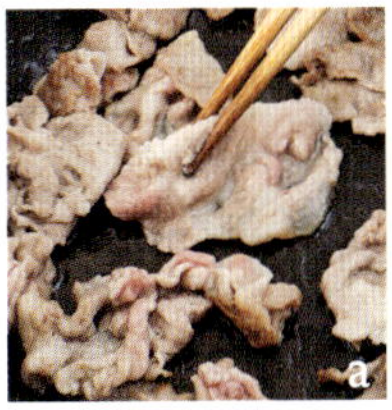
a

3 器に盛り、好みで貝割れ菜を添える。

Point 最終的に火を止めるタイミングは、たれの残量で判断するとよいでしょう。

さんまのフライパン塩焼き

焼き魚は皮目に切り込みを入れることがおいしさの秘訣です。
短時間で中まで火が通るので、ジューシーに仕上がります。
フライパンで焼くので、後片づけが楽なのもうれしいですね。

材料（1人分・直径28cmのフライパン）

・さんま──1尾
・塩──適量
・大根おろし、すだち、濃口しょうゆ──各適量

下準備

・さんまは両面の背側の厚みのある部分に包丁で切り込みを入れ（a）、肛門のところを目安に斜めに切る（b）。両面に塩を均一にふり（c）、20分ほどおく。

Point さんまは、切り込みを入れることで短時間で火が通りやすくなります。また、肛門を少し過ぎたところで切り分けると内臓が出てきません。内臓が苦手な方は、腹に切り込みを入れて取り除いてから焼くとよいでしょう。

作り方

1 フライパンに、さんまを盛りつけたとき上になるほうを下にして入れる。油はひかなくてよい。

2 アルミホイル（または蓋）をかぶせ（d）、弱めの中火で7分ほど焼く。焼き色がついたら裏返し（e）、火加減を少し弱めて同じように焼き色がつくまで5分ほど焼く。きれいな焼き色をつけるには、あまり動かさないこと。

3 余分な油はペーパータオルでその都度拭き取る（f）。こまめに拭き取ることで臭みが出ずにパリッと焼きあがる。

4 器に盛り、大根おろしとすだちを添え、大根おろしにしょうゆをかける。

Point さんまは焼き色が大事です。きれいな見た目というよりは、香ばしさがおいしいということです。

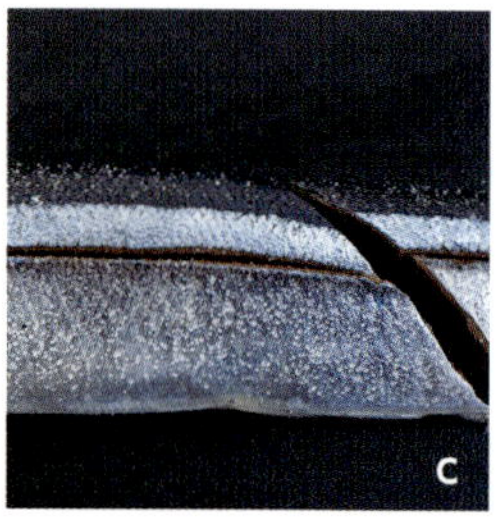

いわしの蒲焼き

上手にできたらうなぎの蒲焼きに匹敵するくらいのおいしさ。
手開きしなくても、おろしたいわしを使っても大丈夫です。
青じそや長ねぎなどの薬味のほか、粉山椒がよく合います。

材料 (2人分・直径28cmのフライパン)

- いわし――大4尾
- 小麦粉――小さじ1
- サラダ油――大さじ1/2
- A
  - 砂糖――大さじ1
  - 酒、みりん、濃口しょうゆ――各大さじ2
- 青じそ、長ねぎ (白髪ねぎ)――各適宜

下準備

・ボウルにAを入れ、砂糖が溶けるまでよく混ぜ合わせる。

<いわしの手開き>

・いわしはウロコがあれば取る。頭と胸びれの後ろに包丁を入れ、まっすぐに切り落とす(a)。頭側を上にしておき、腹側に包丁を入れ(b)、肛門まで大きく斜めに切り落とす(c)。内臓をかき出し(d)、腹の中を水でさっと洗う。尾側から、親指を中骨の上に沿わせるようにして動かし、頭側まで身を開く(e)。尾側の中骨の下に親指を入れ込み、頭側に向かって身に沿って動かし、骨をはずす(f)。身側を上にしてバットに広げ、茶こしを使って両面に小麦粉をまぶす。皮目を上にしておくと皮目がきれいに焼ける。

作り方

1 フライパンにサラダ油を弱めの中火で熱し、いわしを皮目を下にして入れ、4～5分焼く。途中、余分な油はペーパータオルで拭き取る。

2 皮目にほどよい焼き目がついたら裏返し、火を少し弱めにして身のほうを1分ほど焼く。

3 火を止め、余分な油を拭き取り、Aを加える。強めの中火にかけ、煮立ってきたら中火にし、いわしの皮目を上にしたままスプーンで煮汁をかけながら煮詰める。たれにとろみがつき、少し残っている状態で火を止める。

4 器に盛り、たれをかけ、好みで青じそや白髪ねぎを添える。

Point 焼き方の最大のポイントは、最初にいわしをじっくり焼き、余分な油をこまめに拭き取ることです。

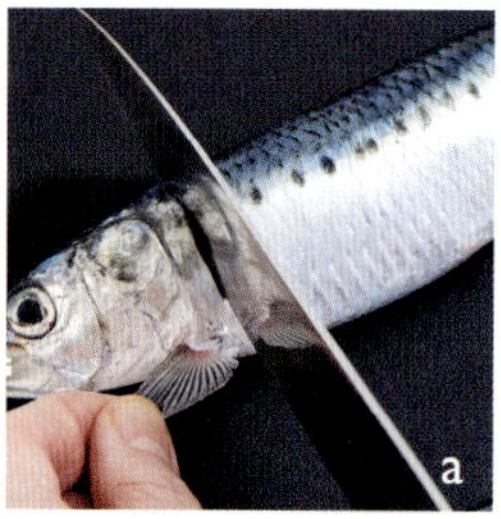
a

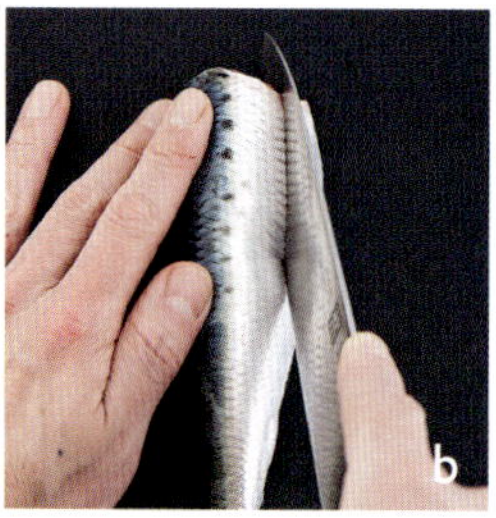
b

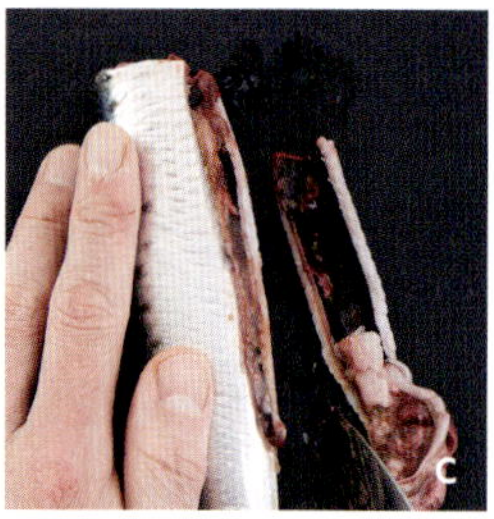
c

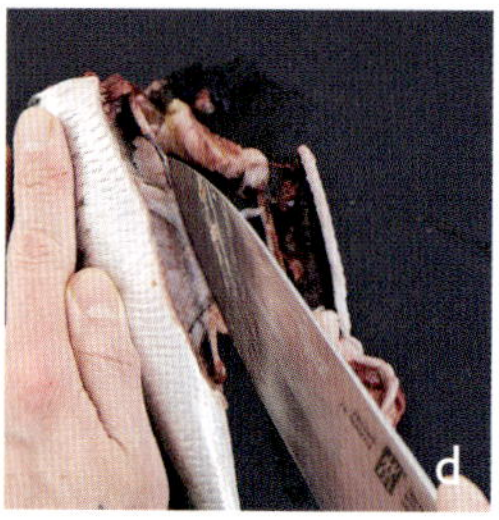
d

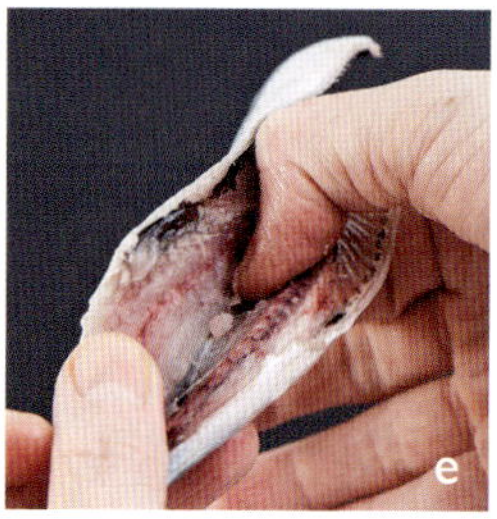
e

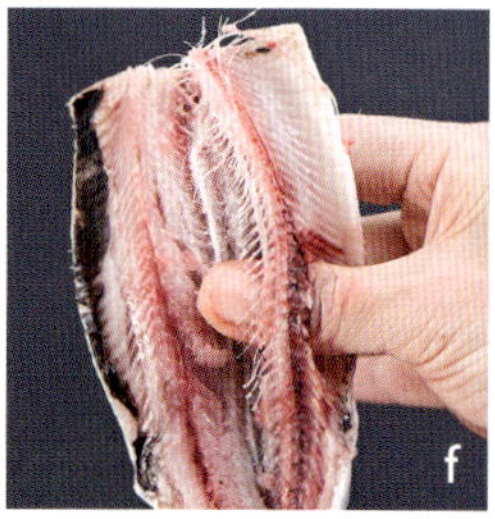
f

ぶりの照り焼き

ぶりは下味をつけておくとおいしく仕上がります。とろろとの相性も抜群です。

材料 (2人分・直径28cmのフライパン)

・ぶり (切り身) ——2切れ (1切れ約100g)
・塩、こしょう——各適量
・小麦粉——小さじ1/2
・サラダ油——小さじ1
A ・砂糖——大さじ1/2
　・濃口しょうゆ、みりん、酒——各大さじ1
・長いも (または山いも) ——5cm
・ゆずの皮 (みじん切り) ——適量

下準備

・ぶりは両面に塩、こしょうをひとつまみずつふり、30分ほどおく。焼く直前に茶こしを使って小麦粉をまぶす。

・ボウルにAを入れ、砂糖が溶けるまでよく混ぜ合わせる。

・長いもは包丁の背で細かくたたく(a)。

作り方

1 フライパンにサラダ油を中火で熱し、ぶりを盛りつけたときに上になるほうを下にして入れ、蓋をして3分ほど焼く。

2 焼き色がついたら裏返し、火加減を弱め、蓋をして裏面も焼き色がつくまで2分ほど焼く。身が割れるので、必要以上に動かさない。

3 火を止め、余分な油をペーパータオルで拭き取り、Aを加えて強火にかける。煮立ってきたら中火にし、スプーンでたれをぶりにかけ、軽くとろみがつくまで煮詰める。フライパンを手前に傾けるとたれがすくいやすい。火加減は、軽く煮立っている状態をキープする。煮詰め過ぎに注意。

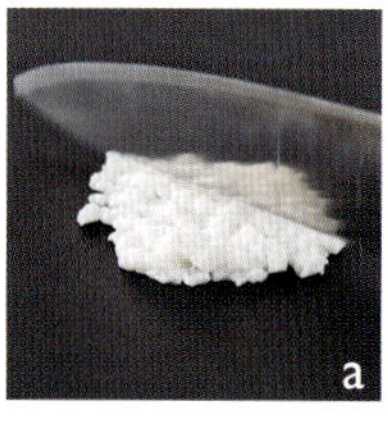
a

4 器に盛り、たれをかけ、長いもを添え、ゆずの皮を散らす。

牛肉の焼き肉だれ炒め

子どもの頃に食べた焼き肉定食をイメージして作りました。盛りつけも気取らずやんちゃな感じです。

材料（2人分・直径28cmのフライパン）

・牛薄切り肉——150g
・玉ねぎ——大1/4個（約80g）
・しめじ——80g
・万能ねぎ——2本
・塩——ふたつまみ
・サラダ油——小さじ2

A
・酒——大さじ1
・濃口しょうゆ、みりん——各小さじ2
・砂糖、ごま油、おろしにんにく——各小さじ1/2
・白いりごま——小さじ1

・トマト（くし形切り）、きゅうり（斜め薄切り）——各適宜

下準備

・牛肉は一口大に切る。
・玉ねぎは繊維に沿って5mm幅に切る。
・しめじは石づきを切り落としてほぐす。
・万能ねぎは小口切りにする。
・ボウルにAを入れ、砂糖が溶けるまでよく混ぜ合わせる。

作り方

1 フライパンにサラダ油を中火で熱し、牛肉を炒めて色が変わってきたら塩をふる。玉ねぎ、しめじを加えて2分ほど炒め、玉ねぎがしんなりしたら一旦火を止める。

2 Aを加えて再度中火にかけ、箸を左右に大きく動かして全体を混ぜ合わせながら、1分ほど炒めて火を止める。最後に万能ねぎを散らす。

3 器に盛り、好みでトマトときゅうりを添える。

Point Aを加えてからの火が強いと、焦げやすいので加減してください。

麻婆なす豆腐

豚肉でだしをとるおいしすぎる一品。最後に薬味で香りをプラスすることが味の決め手です。

材料（2人分・直径28cmのフライパン）

・豚ひき肉――150g
・なす――2本
・絹ごし豆腐――1/2丁（150g）
・おろししょうが――小さじ1
・塩――ひとつまみ
・こしょう――6ふり
・水溶き片栗粉
　――片栗粉、水各小さじ2
・ごま油――大さじ1と1/2
A
・水――300mℓ
・みそ――15g
・濃口しょうゆ、酒――各大さじ1
・砂糖――小さじ1と1/2
・酢――小さじ1
・万能ねぎ（小口切り）、粉山椒、一味唐辛子などの薬味――各適宜

下準備

・なすはヘタを切り落とし、縦6等分に切って長さを半分に切る。

・豆腐は2cm角に切る。

・ボウルにAを入れ、みそと砂糖が溶けるまでよく混ぜ合わせる。

・水溶き片栗粉を混ぜ合わせる。

作り方

1 フライパンにごま油を中火で熱し、ひき肉を炒めて色が変わったら塩、こしょうをふる。

2 なすを加え、肉の旨みを吸わせながら中火で2分ほど炒める。Aと豆腐を加え、煮立ったらへらなどで混ぜながら4分ほど煮込む。

3 火を止め、煮汁をかき混ぜながら水溶き片栗粉を少しずつ加え、とろみがついたら火にかける。煮立ったら20秒ほど混ぜ、片栗粉に火を通す。

4 火を止め、しょうがを加えて混ぜる。器に盛り、好みで薬味をふる。

おいしい焼きなす

なすは、均一に火を通すということが最大のポイント。
この料理から、なすのおいしさを再発見してください。

材料（2人分・直径28cmのフライパン）

・なす——3本
・サラダ油——大さじ2と1/2
A ・砂糖、おろししょうが——各小さじ1/2
　・濃口しょうゆ、水——各大さじ1
・かつお節——適宜

下準備

・なすはヘタを切り落とし、縦半分に切る。皮目に細かい切り目を入れ、切り口にはフォークを等間隔に刺して穴を開け（a）、長さを半分に切る。

・ボウルにAを入れ、砂糖が溶けるまでよく混ぜ合わせる。

Point なすは切り目を入れたり、穴を開けることで油と水分の通り道ができ、より上手に火が通ります。穴は、貫通するまでしっかり刺してください。

作り方

1 フライパンにサラダ油を中火で熱し、なすを切り口を下にして並べ入れ、蓋をして弱めの中火で３分ほど焼く。

2 表面にほどよく焼き色がついたら裏返して火加減を少し弱め、蓋をして4分ほど焼く。

3 器に盛り、Aを回しかけ、好みでかつお節を散らす。

Point 火加減は作る人によって基準が違うので、表記の焼き時間の少し前に、焦げていないか確認しながら焼きましょう。

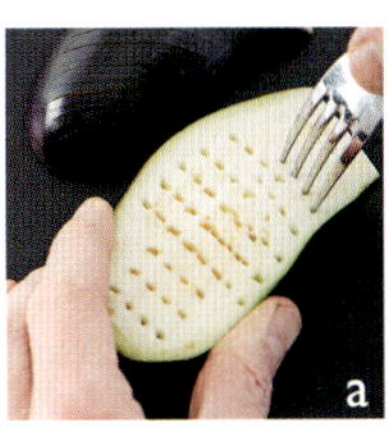

きんぴらごぼう

ポイントは調味料を3回に分けて入れることです。
おすすめの食べ方は、ルッコラと合わせてサラダ感覚で。
教室でも大好評なのでぜひお試しください。

材料（2～3人分・直径28cmのフライパン）

・ごぼう――200g
・にんじん――50g
・こんにゃく（アク抜き済み）――50g
・ごま油――大さじ1と1/2
A
・酒――大さじ2
・濃口しょうゆ――大さじ1と1/2
・みりん――大さじ1
・砂糖――小さじ1
・白いりごま、一味唐辛子――各適量
・ルッコラ――適宜

下準備

・ボウルにAを入れ、砂糖が溶けるまでよく混ぜ合わせる。

・ごぼうはたわしなどで表面を軽く洗う。2mm厚さの斜め薄切りにしてから細切りにし(a)、水でさっと洗って水けをしっかりきる。

・にんじんもごぼうと同様に細切りにする。

・こんにゃくは2.5cm長さのマッチ棒状に切る。

Point ごぼうの皮は、香りがよくておいしいので、洗い過ぎないことが大事です。

作り方

1 フライパンにごま油を中火で熱し、こんにゃくとごぼうを入れ、パチパチと音がしている状態で30秒ほど炒め、油が全体に回ったらにんじんを加え、2～3分炒める。

2 火を止め、Aの1/3量を加えて再び中火にかけ、30秒ほど炒める。煮汁が軽く煮詰まってきたら、残りのAの半量を加えて同様に炒め、煮詰める。残りのAを加え、さらに2分ほど炒め、汁けを飛ばす。

3 好みで器にルッコラを敷き、2を盛り、ごまと一味唐辛子をふる。

Point きんぴらは一気に調味料を入れると煮物のようになってしまうので、3回に分けて入れましょう。食感がシャキッと仕上がります。また、煮詰めるときに火が強いと焦げたり、辛くなったりするので火加減を調節してください。

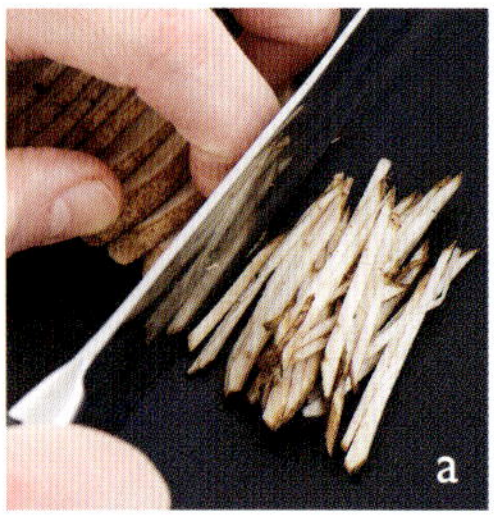

きんぴら以外の炒め物を作るときも、途中で調味料を加える場合は一度火を止めたほうがいいです。フライパンが高温過ぎて調味料がすぐに蒸発し、味がからまないからです。また、炒めている最中の火加減は音でも判断できるようになるといいですね。五感を使って調理することが大事です。

じゃがいものカレーきんぴら

ささっと炒めてすぐできるスパイシーなきんぴら。
じゃがいもできんぴらという組み合わせがおもしろいです。

材料 (3人分・直径28cmのフライパン)

・じゃがいも――2個 (約250g)
・ピーマン――2個
・豚バラ薄切り肉――80g
・塩、こしょう――各ひとつまみ
・サラダ油――小さじ2
A
・酒――大さじ2
・濃口しょうゆ――大さじ1と2/3
・みりん――大さじ1と1/2
・水――大さじ1
・塩――ひとつまみ
・カレー粉――小さじ2/3〜1
・白いりごま――適宜

下準備

・じゃがいもは皮をむいて2㎜厚さの棒状に切り、水でさっと洗って水けをきる。

・ピーマンはヘタと種を取り除いて5〜7㎜幅の細切りにする。

・豚肉は1㎝幅に切る。

・ボウルにAを混ぜ合わせる。

Point　じゃがいもは太すぎると火が通りにくくなるので、2㎜厚さを意識して切ってください。

作り方

1 フライパンにサラダ油を中火で熱し、豚肉を炒めて色が変わったら塩、こしょうをふる。じゃがいもを加え、1分30秒ほど中火で炒める。

2 ピーマンを加え、30秒ほど炒めたら火を止め、Aを加える。中火にかけ、じゃがいもがある程度しんなりするまで4分ほど炒める。

3 仕上げにカレー粉をふり入れ、30秒ほど炒める。器に盛り、好みでごまをふる。

Point　ごぼうと違い、じゃがいものきんぴらは火が通りにくいので煮汁を一気に入れて炒め煮に。料理によって基本は変わるのです。

もやしと梅昆布の時短炒め

炒める時間は1分。あっという間に極上の炒め物が完成。タイマーを片手に楽しんでください。僕の最高傑作です。

材料（2人分・直径28cmのフライパン）

- もやし——250g
- 万能ねぎ——5本
- 塩昆布——大さじ2
- 梅干し——2個（やわらかいもの）
- 酒——大さじ1
- ごま油——大さじ2/3

下準備

- もやしは水につけて5分おき、水けをしっかりきる。
- 梅干しは種を取り除き、包丁で細かくたたいてペースト状にし、酒とよく混ぜ合わせる（梅ペースト）。
- 万能ねぎは3cm長さに切る。

作り方

1 フライパンにごま油を入れ、強火でしっかりめに熱する。

2 もやしを一気に入れてジャーッと手早く炒め、20秒ほどたったら梅ペーストを加えてさらに炒める。

3 炒め開始から40秒ほどのところで、万能ねぎと塩昆布を加え、ざっと炒め合わせる。

Point もやしをシャキッと炒めるポイントは、フライパンを最初にしっかり熱しておくこと。もやしを入れた瞬間にジャーッという音が鳴ることが大切です。

〈いただきます〉厳選!! 揚げる料理

揚げ物はとてもハードルの高い料理だと思われがちなのですが、正しい知識を身につけるだけで、失敗なくとてもおいしく調理できます。ネタがどれだけ新鮮でも、正しい知識がないとおいしく揚げることはできないのです。

揚げ方のおいしい知識は7つ。技術ではないので、まねするだけで大丈夫です。①揚げ油にはサラダ油を使用。②油の量は鍋に入れたとき3㎝深さになるように。③油の温度は170〜180℃。④油の表面の2/3以上には材料を入れない。⑤レシピの揚げ時間の目安を考慮する。⑥揚げはじめの1分は触らない。⑦揚げている途中で一度上下を返す。

まずはここからスタートです。慣れてしまえば、こんなに簡単でおいしい調理法もないですから、ぜひ挑戦してみてください。ここで紹介するレシピは、〈いただきます〉が厳選した揚げ物6品です。レシピ通りに作ってまねて、学んでください。揚げる際は、音も意識しましょう。音が記憶に残り、次へのステップアップにつながります。

肉も魚も野菜も、食感よくおいしく揚げてみましょう。

玉ねぎのかき揚げ

玉ねぎの甘みを堪能できるシンプルなかき揚げです。パリッと感を出す秘訣は、衣に卵を入れずコーンスターチを加えること。これで揚げ物を作るのに自信が持てます。

材料（2人分）

- 玉ねぎ——1/2個（約100g）
- 小麦粉——10g
- コーンスターチ——15g
- 水——大さじ1
- 揚げ油——適量
- 粗塩、黒こしょう——各適量

下準備

- 5㎝四方のクッキングシートを6枚作る。
- 玉ねぎは繊維に沿って5㎜厚さに切る（a）。

作り方

1 玉ねぎをボウルにバラバラにほぐしながら入れる。小麦粉とコンスターチを加え、全体にまぶしながら混ぜ（b）、分量の水を回しかけて全体を混ぜる（c）。感触はごわごわしている感じがベスト。

2 1を6等分にし、クッキングシートの上に玉ねぎ同士をくっつけるようにのせる（d）。

3 170℃の揚げ油に2を箸からすべらせるように入れ（e）、1分30秒ほど揚げ、裏返してさらに1分ほど揚げる（f）。揚げ終わりの目安は、玉ねぎの端が少し焦げてきたくらい。

4 器に盛り、粗塩、こしょうをふる。

Point 揚げ始めの油の温度がとても大事です。写真（e）の泡の立ち方が目安です。クッキングシートは、つけたまま揚げてください。裏返したときに取ると、パリッと揚がります。取らずにそのまま揚げてもおいしいですよ。また揚げ物は、粒の粗い塩で食べたほうが、味がまろやかでおすすめです。

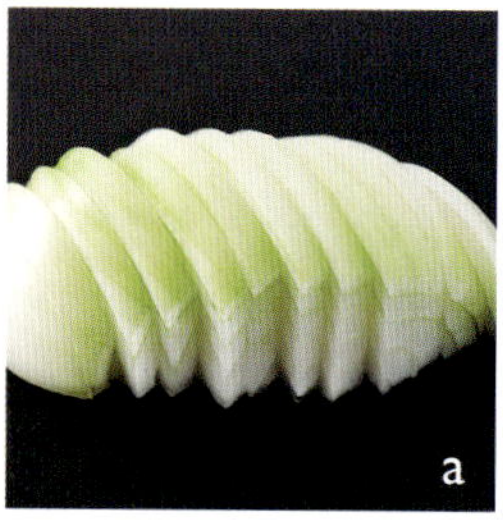
a

b

c

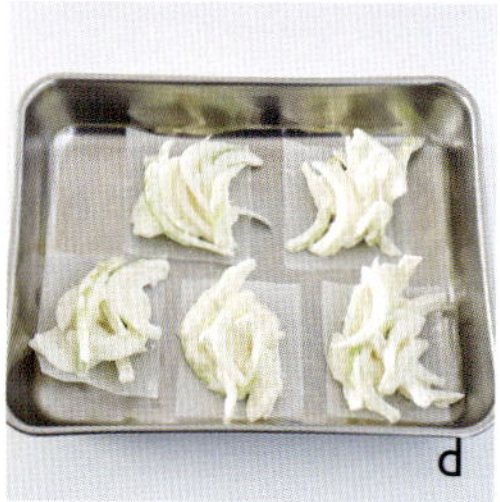
d

e

f

れんこんのはさみ揚げ

肉だねにしっかりと味がついているので、そのまま食べても十分おいしいです。お弁当にもぜひ。

材料（4人分）

・れんこん——200g（直径約5cm）
・玉ねぎ——1/5個（約40g）
・青じそ——5枚
A
・豚ひき肉——100g
・塩——ひとつまみ
・酒——大さじ1
・片栗粉——大さじ1/2
・濃口しょうゆ——小さじ2
・しょうが汁——小さじ1と1/2
・ごま油——小さじ1
B
・小麦粉——50g
・水——大さじ5
・揚げ油——適量

下準備

・Bの小麦粉と水はそれぞれ冷蔵庫で30分ほど冷やしておく。

・れんこんは皮をむき、3mm厚さの輪切りにする。直径5cm以上の場合は半月切りにする。

・玉ねぎはみじん切りにする。

・青じそは粗く刻む。

作り方

1 大きめのボウルにAを入れ、白っぽく粘りが出るまでよく混ぜ、玉ねぎと青じそを加えて軽く混ぜる。野菜は最後に加えて混ぜると食感よく仕上がる。

2 バットにれんこんを並べ、小麦粉（分量外）を薄くまぶす。小麦粉は、れんこんと肉だねをくっつける、のりの役目。

3 2を2枚1組にして1をはさむ。肉だねをれんこんと同じ3mm厚さになる量をのせると、火が通りやすくなる。

4 ボウルにBを入れ、泡立て器で粉けがなくなるまでさっと混ぜ、衣を作る。

5 3に4をしっかりつけ、余分な衣をボウルの端でトントンと3回ほど落とし、160℃の揚げ油で5〜6分揚げる。途中で裏返して均一に火を通す。

豚玉天ぷら

玉ねぎに豚肉を巻いたおかず天ぷらです。
ポン酢でさっぱり食べるのがおすすめです。

材料（2人分）

・豚ロース薄切り肉（しゃぶしゃぶ用）
——10枚
・玉ねぎ——大1/4個（約80g）
A
・小麦粉——50g
・水——大さじ5と1/2
・揚げ油——適量
・大根おろし、万能ねぎ（小口切り）、
一味唐辛子——各適宜

下準備

・玉ねぎは繊維に沿って薄切りにする。

・Aの小麦粉と水はそれぞれ冷蔵庫で30分ほど冷やしておく。

作り方

1 豚肉を1枚ずつ広げ、玉ねぎを約8gずつのせて端から巻く。好みで豚肉にこしょうをふってから玉ねぎを巻いても。

2 ボウルにAを入れ、泡立て器で粉けがなくなるまでさっと混ぜ、衣を作る。

3 1に2をしっかりつけ、余分な衣をボウルの端でトントンと3回ほど落とし、160℃の揚げ油で4分ほど揚げる。途中で裏返して均一に火を通す。

4 器に盛り、好みで大根おろし、万能ねぎ、一味唐辛子を混ぜて添える。

一口ヒレカツ

揚げ物が楽しくなるような作り方と盛りつけにしました。マスタードと一緒に、ソースやポン酢でどうぞ。

材料（2人分）

- 豚ヒレ肉——5切れ（1切れ約25g）
- 塩——ふたつまみ
- こしょう——10ふり
- A
  - 小麦粉——30g
  - 水——大さじ3
- パン粉——50g
- 揚げ油——適量
- 赤玉ねぎ（薄切り）、万能ねぎ（小口切り）、マスタード——各適宜

下準備

- 豚肉は包丁の背で軽くたたき（a）、筋切りをして両面に塩、こしょうをふる。薄くなった場合は、手で肉をよせて大きさをととのえる。

作り方

1 ボウルにAを入れ、泡立て器で粉けがなくなるまでさっと混ぜ、衣を作る。練らないように注意。

2 豚肉に1をたっぷりつけ、余分な衣をボウルの端でトントンと落とし、パン粉を両面にたっぷりつけ（b）、上からほどよく押さえて形をととのえる。

3 160℃の揚げ油で3〜4分揚げる。途中で裏返して均一に火を通す。器に盛り、好みでマスタード、赤玉ねぎ、万能ねぎをのせる。

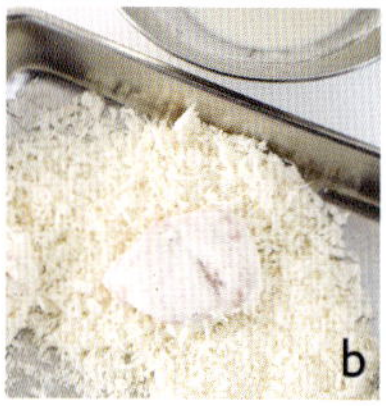

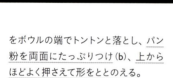

さばの竜田揚げ

じっくり下味をつけたさばの竜田揚げは、
ごはんにもお酒にも合う粋な一品です。揚げたてをどうぞ。

材料（2人分）

・さば（半身）――1枚
A ・おろししょうが――小さじ1
・酒、みりん、濃口しょうゆ
――各大さじ1
・片栗粉――大さじ3
・揚げ油――適量
・すだち（薄切り）――適宜

下準備

・さばはペーパータオルに包んで水けを拭く。骨を取り除き、小さめの一口大（1切れ約20g）に切る。

作り方

1 ボウルにAを混ぜ合わせ、さばを漬けて表面をラップでぴったりおおい、20〜30分おく。途中、一度裏返す。

2 ペーパータオルを敷いたバットに1のさばを並べ、汁けをきる。片栗粉をしっかりつけて余分な粉をはたく。

3 160℃の揚げ油で4分ほど揚げる。途中で裏返して均一に火を通す。器に盛り、好みですだちを添える。

竜田揚げは年中楽しめる料理です。さばは特に味の良し悪しが大きいので、揚げ物にするのがおすすめ。揚げ物は、油で旨みを補充することができ、高温で揚げることによってクセを抑えることができます。

教室自慢の鶏のから揚げ

おいしいなんて言葉では伝わりません。感激しますよ。
から揚げは、小麦粉のつけ方がポイント。
小麦粉と鶏肉を一緒にギュッと握るような感じです。

材料（作りやすい分量）

・鶏もも肉――2枚（450〜500g）
・卵――1個（M）
・しょうが――20g
・にんにく
――1〜2かけ（10〜15g）
A
・濃口しょうゆ――大さじ2
・砂糖、酒――各小さじ2
・塩――ふたつまみ
・こしょう――6ふり
・小麦粉A――大さじ4
・小麦粉B――120g
・揚げ油――適量
・サニーレタス、レモン（くし形切り）
――各適宜

下準備

・鶏肉は約4㎝四方に切る（a）。から揚げはある程度大きめに切ったほうがジューシーに仕上がる。

・しょうがとにんにくはすりおろす。

・卵は溶きほぐす。

作り方

1 ボウルに鶏肉、A、しょうが、にんにくを入れ、20秒ほどもみ込む。溶き卵を加えてさらに20秒ほどもみ込み、手で鶏肉を下から上に持ち上げて泡立てるような感じで1分ほど混ぜ、味をなじませる（b）。

2 小麦粉Aを加え（c）、粉けがなくなるまでさっと混ぜ合わせる。

3 別のボウルに小麦粉Bを入れ、鶏肉を1切れずつ入れ、小麦粉をたっぷりまぶして粉と肉を一緒に握る（d）。手を離して小麦粉をさらにまぶし、同様に握る。粉は揚げる直前につけたほうが、色よく食感よく揚げることができる。

4 余分な粉を落とし、バットに重ならないように並べる。170℃の揚げ油に入れ（e）、4分ほど揚げる（f）。途中、一度上下を返し、熱を均一に入れる。

5 器に盛り、好みでレタスとレモンを添える。

a

b

c

d

e

f

スチーム料理の幕開け

スチームとは蒸気のことですから、蒸し物ということですね。あえてスチームとしたのは、言葉の響きがいいし、手軽でおいしそうに聞こえるからです。だからレシピはすべて、蒸し器がなくてもフライパンで作れるようにしました。スチーム料理のいいところは、調理工程がシンプルなうえに、素材の味や栄養分も抜けにくく、焦げるといった心配もない点で、家庭料理には最適なのです。特にこれからは、時間を意識した食事作りがニーズになってくると思うので、スチーム料理のような、手軽で味も栄養面も考慮した料理が注目されると思っています。またスチーム料理は、味つけが簡単ということも特徴の一つです。蒸気で火を通すため、素材の味が抜けないので持ち味がとても活かされます。だから、調味料が少なくてもおいしく食べられるのですね。健康志向の世の中にあって、和食に注目が集まっていますが、スチーム料理はこれからますます注目される調理法だと思っています。

フライパンで調理する料理の他、電子レンジで手軽に作れるものもありますよ。

豚ひき肉と豆腐のしょうが蒸し

材料を重ねて蒸して、フライパンごと出せば楽しい食卓に。しょうがとごま油の香りが食欲をそそります。キャベツと一緒にきのこを入れるとボリュームが出ますよ。

材料（2人分・直径28㎝のフライパン）

・豚ひき肉――50g
・木綿豆腐――1/2丁（150g）
・しょうが――30g
・キャベツ――100g
A ・濃口しょうゆ、酒――各小さじ1
　・砂糖、片栗粉――各小さじ1/2
　・塩――ひとつまみ
　・こしょう――4ふり
B ・ごま油、おろししょうが――各小さじ1
C ・水――150㎖
　・酒――大さじ1
・万能ねぎ（小口切り）――適宜

下準備

・豆腐は厚さを半分に切り、ペーパータオルに包んで15分ほどおき、水けをきる。

・しょうがはせん切りにする。

・キャベツは4㎝四方のざく切りにする。

作り方

1 ボウルにひき肉とAを入れ、粘りが出るまでよく混ぜる。Bを加え、やさしく包み込むように混ぜ合わせる。

2 フライパンにキャベツを敷き詰めて豆腐をのせ、1を等分にしてのせる（a）。しょうがを散らし、Cをフライパンの端からキャベツの下に入れるように注ぐ（b）。

3 強めの中火にかけ、煮立ったら中火にし、蓋をして8～10分蒸す。火を止め、蓋をしたまま3分ほどおく。好みで万能ねぎを散らす。

Point 蒸している途中で蓋を開け、中の状態を確認して火加減の調節をしましょう。火が強すぎると焦げやすくなるので、ここは要注意です。

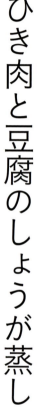

豚肉ともやしのトマト蒸し

トマトの旨みとほのかな酸味が味わえる蒸し物です。
食べるときは、ポン酢やごまだれにつけてどうぞ。

材料（2人分・直径28cmのフライパン）

- 豚バラ薄切り肉――80g
- もやし――200g
- トマト――1個
- 水――100mℓ
- 酒――大さじ1
- 塩――ふたつまみ
- こしょう――4ふり
- おろししょうが――適宜

下準備

- 豚肉は3cm幅に切る。
- トマトは6等分のくし形切りにする。
- もやしはさっと水で洗う。

作り方

1 フライパンに分量の水を入れ、もやしを敷き詰め、豚肉を均一に散らし、トマトをのせる。酒を回しかけ、塩、こしょうをふる。

2 火にかけ、煮立ってきたら中火にし、蓋をして7～8分蒸し、火を止める。

3 器に盛り、好みでしょうがをのせる。

Point トマトの「酸」の力で肉がやわらかく仕上がります。イタリア料理でもよく使う組み合わせですね。和食もトマトの「酸」を使うことで、バリエーションがさらに広がります。

蒸し野菜のポン酢がけ

オリーブオイルの風味が豊かで、色鮮やかな蒸し野菜。ポン酢を全体に回しかけ、かつお節をたっぷりかけて。

材料（2人分・直径28cmのフライパン）

- もやし――200g
- かぼちゃ――100g
- 小松菜――1/2束
- ミニトマト――4個
- 水――100mℓ
- オリーブオイル――小さじ2
- 塩――ひとつまみ
- かつお節、ポン酢しょうゆ
  ――各適量

下準備

- かぼちゃは3〜4mm厚さに切る。
- 小松菜は4cm長さに切る。
- もやしはさっと水で洗う。

作り方

1 フライパンに分量の水、もやし、かぼちゃの順に入れ、オリーブオイル、塩を回しかける。

2 火にかけ、湯気が出てきたら中火にし、蓋をして6分ほど蒸す。

3 小松菜、ミニトマトを加えてさらに3分蒸す。

4 器に盛り、ポン酢しょうゆをかけ、かつお節をたっぷりめにふりかける。

Point 火の通りが早い小松菜や、生でも食べられるミニトマトは、時間差であとから入れるのがポイントです。

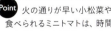

あさりとキャベツの酒蒸し

年中おいしいキャベツですが、春キャベツの時期に
あさりとともに味わっていただきたい一品。
おいしさにも出会いのタイミングがあります。

材料 (2〜3人分・直径28cmのフライパン)

・キャベツ——1/4個 (約300g)
・あさり——300g
・万能ねぎ——3本
A ・水——100mℓ
　・酒——大さじ3
・淡口しょうゆ——小さじ2
塩水 ・水——500mℓ
　　・粗塩——大さじ1

下準備

・大きめのバットにあさりを重ならないように広げ、よく混ぜた塩水をあさりが2/3程度かぶるくらい入れる(a)。アルミホイルでおおい、室温に2時間ほどおいて砂抜きする。大きめのボウルに入れ、両手で殻をこすり合わせてよく洗う。

・キャベツは軸を取り除き、約4cm四方に切る。

・万能ねぎは2cm長さに切る。

作り方

1 鍋にキャベツを敷き詰めてあさりをのせ(b)、Aを回しかける。あさりを上にのせることで、キャベツがあさりのだしを吸ってよりおいしくなる。

2 火にかけ、煮立ったら中火にし、蓋をして8分ほど蒸す。あさりが口を開いたら、しょうゆを回し入れ、万能ねぎを散らす。

3 再度蓋をして、さらに3分ほど加熱する。

Point あさりが口を開いたら、ほどよく蒸し上がった証拠です。火の通し過ぎに注意しましょう。また、食べるときにあさりとキャベツの合わせだしも味わってください。シンプルな料理ほど素材の旨みが引き立ちます。

b

a

まいたけと豚肉のゆずこしょう蒸し

こんなに簡単でおいしい蒸し物は、みなさんの定番になること間違いなし。料理は香りです。

材料（2人分・直径28cmのフライパン）

・まいたけ――1パック
・豚バラ薄切り肉――100g
・白菜――300g
A
・水――100mℓ
・酒――大さじ2
・ゆずこしょう――小さじ2/3

下準備

・白菜は長さを4～5等分に切り、芯は1cm幅に、葉は4cm幅に切る。
・豚肉は3cm幅に切る。
・まいたけは一口大にさく。
・ボウルにAを入れ、ゆずこしょうが溶けるまでよく混ぜ合わせる。

作り方

1 フライパンに白菜を敷き詰め、豚肉を均一に散らし、まいたけをのせ、Aを回しかける。
2 火にかけ、煮立ってきたら中火にし、蓋をして8分ほど蒸す。
3 器に蒸し汁ごと盛る。

ゆずこしょうを使ったことのない方は、ぜひこの機会に試してみてください。突き抜ける香りと辛さが特徴で、刺し身や鍋料理にもよく合います。

なすと白菜の和風チャプチェ

作り方がダイナミックで楽しい、みそ仕立ての蒸し物。何度も作りたくなるおいしさです。

材料（2人分・直径28cmのフライパン）

- 緑豆春雨（乾燥）——50g
- なす——2本
- 白菜——300g
- しめじ——150g
- スライスベーコン——40g
- A
  - 水——200mℓ
  - 砂糖、酒、濃口しょうゆ——各大さじ2
  - みそ——大さじ1と1/2
  - にんにく（みじん切り）、ごま油——各大さじ1
- 白いりごま——適量

下準備

- なすはヘタを切り落として皮をむき、縦8等分に切る。
- しめじは石づきを切り落としてほぐす。
- 白菜は長さを4等分に切り、1cm幅に切る。
- ベーコンは1.5cm幅に切る。
- 春雨ははさみで長さを半分に切る。
- ボウルにAを入れ、みそと砂糖が溶けるまでよく混ぜ合わせる。

作り方

1 フライパンに白菜、なす、しめじ、ベーコン、春雨の順にのせ、Aを回しかける。

2 火にかけ、煮立ったら中火にし、蓋をして12分ほど蒸し煮にする。途中、3回ほど様子を見ながら全体をかき混ぜる。

3 火を止めてよく混ぜ、器に盛り、ごまをたっぷりめにふる。

蒸しポンなす

電子レンジで作る蒸しなすは、手軽でおすすめ。
切り方で味わいに変化をつけて食感も楽しみましょう。

材料（2人分）

・なす——2本
・大根おろし——適量
・かつお節——適量
・ポン酢しょうゆ——適量

下準備

・なすはヘタを切り落として皮をむき、水でさっと洗う。

作り方

1 なすは洗ったときの水けを残したまま1本ずつラップで包み、電子レンジに2本一緒に入れて2分30秒ほど加熱する。

2 ラップをはずして好みの大きさに切る。ラップをはがすときはとても熱いので注意する。

3 器に盛り、大根おろしとかつお節を添え、ポン酢しょうゆをかける。好みでごま油をかけてもよい。

Point なすは縦4等分に切ったり、乱切りにしたりと、切り方を変えると食感や味わいが変わることにも注目です。

酔っぱらい鶏のごま和え

電子レンジで簡単に作れる蒸し鶏を紹介します。
薬味の使い方で料理が数倍もランクアップしますよ。

材料（2人分）

- 鶏むね肉——1/2枚（約100g）
- 青じそ——3枚
- みょうが——1個
- 酒——大さじ1と1/2
- 塩——小さじ1/3
- A
  - 白すりごま——大さじ1
  - ごま油——大さじ1/2
  - 濃口しょうゆ——小さじ2/3
  - 鶏肉の蒸し汁——小さじ1
  - 砂糖——ふたつまみ

下準備

- 鶏肉は皮をはがし、塩を全体にまぶして20分ほどおく。水でさっと洗い、水けを拭いて厚さを3等分に切る。

作り方

1 鶏肉を耐熱皿にのせ、酒を回しかける。軽くラップをかけて電子レンジで2分加熱する（火が通っていなければ、裏返して再度ラップをかけて20秒前後加熱する）。そのまま10分ほどおいて落ち着かせ、冷めたら細切りにする。蒸し汁を小さじ1とっておく。

2 鶏肉を冷ましている間に、みょうがと青じそを半分に切ってからせん切りにし、水でさっと洗って水けをしっかりきる。

3 ボウルにAを混ぜ合わせ、蒸し鶏を加えて和え、2を加えてさっと和える。

Point 鶏肉を加熱するとき、鶏肉の下にも酒を回すといいです。また、あれば長ねぎの青い部分やしょうがの薄切りを敷くと、香り高い蒸し鶏になります。

和食の基本 酢の物・サラダ・刺し身

小さい料理はつなぐ料理

小さい料理こそ、おいしく作りましょうか。大きい料理、すなわち主役の料理をより引き立たせる脇役として、小さい料理が存在します。特に和食の場合、メインは甘辛味になることが多いので、そこにサラダや酢の物などの酸味を添えると、味が引き立ち全体的な食べ合わせがとてもよくなります。酸味は味と味をつなぐのです。ただ、苦味同様、酸味のおいしさの感じ方は食の経験値によるところが大きいので、食べる人の好みに合わせた味つけが大事です。そして小さい料理こそ、食感を上手に使うと大きい効果が得られます。メインの料理がやわらかいものなら、小さい料理は食感の強いものを添えるなど、メインと対比した食感を持ってくると、食べた満足度が高くなります。または小さい料理が和え物の場合、食感の違う食材を2〜3種類混ぜ合わせると効果的です。小さい料理として、刺し身も試してみてください。刺し身は切って売られているパックのもので十分ですから、味つけで楽しんでください。ここでは、まねするだけでおいしく食べられるレシピを紹介しているので、ぜひお試しください。

小鉢に盛って、献立の一つに。メインの料理との組み合わせを考えてみましょう。

きゅうりの酢の物

酢の物は料理と料理をつなぐ役割があります。献立のバランスを考えるときにとても重宝する一品です。

材料（2人分）

・きゅうり――1本
・わかめ（乾燥）――小さじ2
・かつお節――大さじ2
・しらす干し――大さじ2
・おろししょうが――小さじ1/2

A
・水――大さじ3
・酢――大さじ2
・淡口しょうゆ――大さじ1
・砂糖――小さじ2

塩水
・水――500mℓ
・粗塩――大さじ1

下準備

・きゅうりは薄い輪切りにし、よく混ぜた塩水に入れて1枚1枚はがし（a）、30分ほどつけておく（b）。水けをしっかり絞る。塩水につけることで素材の適度な水分が抜け、酢の味が入りやすくなる。おいしさはここで決まる。

・わかめはたっぷりの水につけて戻し、水けを絞る。

Point 酢の物は塩の使い方が味を左右します。うまいのも塩。まずいのも塩。丁寧にレシピ通り作ってみてください。

作り方

1 ボウルにAを入れ、砂糖が溶けるまでよく混ぜ合わせる（三杯酢）。

2 別のボウルにきゅうりとわかめを入れ、1を約大さじ1加える。箸でかき混ぜながら全体をなじませ（c）、5分ほどおいて汁けを捨てる（酢洗い）。具材を酢で洗うことで、水っぽくならずにしっかりと味をなじませることができる。

3 残りの1とかつお節を加え、軽く和える。

4 器に盛り、ボウルに残った三杯酢をたっぷりめにかけ、しらすとしょうがを添える。

3色なます

紅白なますにきゅうりをプラスすることで色鮮やかに。冬はしょうがの代わりに刻んだゆずで季節感を味わって。

材料（2人分）

- 大根——150g
- にんじん——30g
- きゅうり——1/2本
- おろししょうが——小さじ1/2

A
- 酢、水——各100mℓ
- 砂糖——大さじ5（約45g）
- 塩——小さじ1と1/3

塩水
- 水——1ℓ
- 塩——30g

下準備

- 鍋にAを合わせ、火にかける。砂糖が溶けたら火を止め、そのまま冷ます（甘酢）。
- 大根、にんじん、きゅうりは5cm長さのせん切りにする。よく混ぜた塩水に大根とにんじんを30分ほどつけ、きゅうりを加えて5分ほどつけ、一緒に水けを絞る。

作り方

1 ボウルに大根、にんじん、きゅうりを入れ、甘酢大さじ2を加えて混ぜ、5分おく。汁けを捨て、残りの甘酢としょうがを加えて混ぜ、味をなじませる。

れんこんとサーモンのマスタード和え

マスタードを使った洋風仕立ての酢の物です。

材料（2人分）

- れんこん――50g
- スモークサーモン――6枚
- マスタード――小さじ2

A
- 酢、水――各50㎖
- 砂糖――大さじ1
- 塩――小さじ1/3

下準備

- れんこんは皮をむいて薄い半月切りにし、さっと水で洗って水けをきる。

作り方

1 鍋にAを合わせ、へらで混ぜながら火にかけ、砂糖が溶けたられんこんを加える。煮立ったら、煮立つか煮立たない程度の火加減にして2〜3分火を通す。火を止め、そのまま冷まして味を含ませる。

2 食べる直前に1の汁けをきってボウルに入れ、長さを半分に切ったサーモンとマスタードを加え、軽く混ぜ合わせる。

Point このレシピの甘酢は少量なので、小さめの鍋（18cm）を使うと作りやすいです。

玉ねぎとミニトマトの三杯酢和え

みずみずしい野菜の食感が◎。すぐ作れるのも◎。

材料（2人分）

- 玉ねぎ――大1/2個（約150g）
- ミニトマト――5個
- かつお節――大さじ2
- 塩――小さじ1/4

A
- 水――大さじ3
- 酢――大さじ2
- 淡口しょうゆ――大さじ1
- 砂糖――小さじ2

下準備

- 玉ねぎは繊維に沿って薄切りにし、ボウルに入れて塩をもみ込み、30分ほどおいたら水けをしっかり絞る。玉ねぎは塩をもみ込んで水分を抜くと、辛みが丸くなり、味がなじみやすくなる。
- ミニトマトは半分に切る。

作り方

1 ボウルにAを入れ、砂糖が溶けるまでよく混ぜ合わせる（三杯酢）。

2 玉ねぎをほぐしながら入れ、ミニトマト、かつお節を加え、さっくり和える。

豚しゃぶサラダ

いろいろな香りや食感が楽しめるサラダ。豚肉のゆで方と手作りのごまだれをぜひマスターしてください。

材料（2人分）

- 豚ロース薄切り肉（しゃぶしゃぶ用）——10枚
- 長いも——5cm
- みょうが——2個
- 水菜——1/2袋
- A
  - 濃口しょうゆ、ごま油、酢、白すりごま——各大さじ1
  - おろししょうが——小さじ1
  - 砂糖——小さじ1
- 白いりごま——適量

下準備

- 水菜は4cm長さに切る。
- みょうがはせん切りにする。
- 長いもは包丁の背で粗くたたく。

作り方

1 豚肉は80〜90℃の湯に広げた状態で1枚ずつ入れ、箸で揺らしながら火を通し、ペーパータオルを敷いたバットにとり、水けをきる。

2 ボウルにAを入れ、砂糖が溶けるまでよく混ぜ合わせる。

3 器に豚肉を並べ、野菜をのせ、2をかけてごまをふる。

Point このごまだれには必ずすりごまを使用してください。ごまの深い旨みと香りが味わえます。

半熟卵とアボカドのポテトサラダ

見た目も味もマーブル状なのが、この料理の醍醐味です。混ぜ過ぎないほうが、味も食感も楽しめます。

材料（2人分）

・じゃがいも——2個（約300g）
・アボカド——1/2個
・卵——1個
A
・酢、オリーブオイル——各大さじ1
・塩——小さじ1/3
・こしょう——少々

下準備

・じゃがいもは皮をむいて4等分に切り、鍋にたっぷりめの水と一緒に入れ、竹串が通るまでゆでる。ゆで時間の目安は沸騰してから15分ほど。

・アボカドは皮と種を取り除き、2㎝角に切る。

・卵は沸騰した湯に入れ、8〜9分、半熟気味にゆでて水にとり、殻をむいて8等分くらいのざく切りにする。

作り方

1 ボウルにAを入れ、塩が溶けるまでよく混ぜ合わせる。

2 別のボウルにゆでたてのじゃがいもを入れ、へらなどで2/3程度つぶし、熱いうちに1を加えてざっくり和える。

3 アボカドとゆで卵を加えて軽く混ぜ合わせる。器に盛り、好みでこしょうをふってもよい。

キャベツとかつお節のサラダ

この本のなかでも特に作っていただきたい料理です。
大きめのかつお節をたっぷり使ってふわっと仕上げます。

材料（2人分）

・キャベツ——200g
・花かつお——10g
・白いりごま——大さじ1
A
・オリーブオイル——大さじ2/3〜1
・酢——大さじ1
・濃口しょうゆ——小さじ2

下準備

・キャベツはせん切りにする。
・ボウルにAを入れ、よく混ぜ合わせる。

Point キャベツは切ってから水にさらすよりも、切る前に水洗いしてください。そのほうが旨みが強く、食感がやわらかいので、花かつおによく合います。

作り方

1 キャベツを別のボウルに入れ、Aを回しかけ、箸で全体を混ぜて味をなじませる。

2 仕上げにごまと花かつおを加え、ふわっと和える。和えるときも盛るときも、ふわっと感を崩さないようにする。

Point 器に盛ったらすぐに食卓に出してください。サラダこそできたてを。

ミントと生ハムのサラダ

新鮮なミントの香りが口いっぱいに広がります。
レタスの代わりにキャベツを合わせても抜群のおいしさ。

材料（2人分）

・生ハム――6枚
・ミント――15枚
・赤玉ねぎ――1/4個（約50g）
・サニーレタス――3〜4枚
・オリーブオイル――大さじ2
・酢――大さじ1
・粗塩――適量

下準備

・レタスは一口大にちぎり、赤玉ねぎは繊維に沿って薄切りにし、一緒に水につけてパリッとしたら水けをよくきる。

・生ハムは食べやすい大きさに切る。

作り方

1 器にレタスと赤玉ねぎを盛り、生ハムとミントをはさみ込むように盛りつける。

2 食べる直前にオリーブオイルと酢を回しかけ、粗塩をふり、軽く和える。

Point ミントの他にもバジルやディルなどもおすすめです。

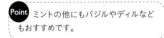

まぐろの漬け3種

刺し身は、市販の切り身で十分です。そのまま食べてもおいしいですが、違った食べ方を知るのも楽しいです。簡単なアレンジなのでぜひ作ってみてください。

材料（2人分）

〈まぐろの漬け〉

・まぐろ（刺し身用・切り落とし）——100g

A
- ・濃口しょうゆ——小さじ2
- ・みりん——小さじ1
- ・わさび——小さじ1/3

〈アボカドの山かけ・2人分〉

・アボカド——1/2個

〈長いもの山かけ・2人分〉

・長いも——3〜4㎝

・焼きのり——適量

〈まぐろの卵黄ナムル風・2人分〉

・卵黄——1個分

・青じそ——5枚

・濃口しょうゆ、ごま油
——各小さじ1/2

下準備

・アボカドは皮と種を取り除き、包丁の背で粗くたたく。

・長いもは皮をむき、包丁の背で粗くたたく。

・青じそはせん切りにする。

作り方

1 ボウルにAを混ぜ合わせ、まぐろを5分ほど漬ける。

2 アボカドの山かけを作る。器に1を適量盛り、アボカドをのせる。

3 長いもの山かけを作る。器に1を適量盛り、長いもをのせ、のりをちぎって散らす。

4 まぐろの卵黄ナムル風を作る。器に1を適量盛り、卵黄、しょうゆ、ごま油を混ぜ合せたものをかけ、せん切りにした青じそをのせる。

ぶりのわさびおろし巻き

脂がのったぶりは大根おろしとわさびでさっぱりと。
わさびの代わりにゆずこしょうもおいしいです。

材料 (2人分)

- ぶり(刺し身用)――6〜8切れ
- 万能ねぎ――5本
- 大根おろし――大さじ4
- わさび――小さじ2
- ポン酢しょうゆ――適量

下準備

- 万能ねぎは3cm長さに切る。

作り方

1 ボウルに水けをきった大根おろしとわさびを入れ、混ぜ合わせる。

2 ぶりを広げ、1と万能ねぎを等分ずつのせて巻く。食べるときにポン酢しょうゆをかける。

Point まぐろの漬けと同様に、ぶりを漬けにして、わさびおろしで巻くのもおすすめです。

かつおのポン酢マスタード

にんにくやしょうがと一緒に食べることが多いかつお。
マスタードなどを使った、一味違う食べ方を紹介します。

材料（2人分）

・かつおのたたき
　または（刺し身用）——12切れ
・大根おろし——大さじ4
・万能ねぎ——2本
・ポン酢しょうゆ、マスタード、
　一味唐辛子——各適量

下準備

・万能ねぎは小口切りにする。

作り方

1 器にかつおを盛り、マスタードを少したっぷりめにかける。

2 大根おろしの水けを軽くきり、かつおの横に添え、万能ねぎを散らし、一味唐辛子をふり、ポン酢しょうゆを全体に回しかける。

Point この料理のポイントは食べ方です。大根おろしにポン酢をしっかりからめ、マスタードをつけたかつおにたっぷりのせると、やみつきです。

丸焦げはプロの証

　小学生の頃から料理を作る仕事に憧れていて、高校生のときに辻静雄先生の伝記小説『美味礼讃』を読んで、一気にプロの世界に引き込まれました。文中に続々登場する、ブイヤベースやフォアグラのブリオシュ詰めなど聞いたこともないうまそうな料理名が僕を奮い立たせ、その勢いのまま辻調理師専門学校に進学しました。入学時はフランス料理に興味があったのですが、日本料理の授業で若竹煮を食べたとき、あ～自分はこの道だと思ったことを今でもはっきり覚えています。

　プロの世界に入って感じたのは、ギリギリの感覚でした。オーダーが雨あられと降ってくるときに最高の状態で料理を提供するなんて至難の業です。天ぷらを揚げながら魚を焼いて、先輩の椀盛りを手伝って、その間に魚を焦がしてどやされて…。そんななか、提供直前にだしを引いてお吸い物に仕立て、焼きたての鮎、炊きたてのごはんなどをお客さまにお出しするというギリギリの流れの中に一瞬の感動を求めるみたいなところがあって、おいしさの裏側は汗だくなんだと知りました。

　数年前、帰省したときに母がから揚げを作ってくれたのですが、丸焦げなんです。真っ黒!! いつもおいしそうな色なのに今日は焦がすんだ、って笑ったのですが、そのときハッとしました。母はこれまで何十年もの間、自己流でギリギリの状態で料理を作り続けていたんだとわかったんです。このときはもう胸が苦しかったですね。今まで何も知らなかった自分に。懸命な姿、母は家庭料理のプロということだと思います。人が育ってきた背景には食べ物を提供してくれた人がいるわけで、料理を作って失敗したり難しいと感じたときに、感謝に変えることができれば、そこに大きな意味があると思います。料理に答えはないと知りつつも、僕はレッスン直前まで何かを探しているのか、落ち着きません。それをスタッフの頼もしいサポートが僕を笑顔にさせ、生徒のみなさんの期待が僕を料理教室の講師へと導いてくれます。自分の姿にふと父の背中が重なって見えた今、これまでと、これからの自分の生き方を模索しつつ、今この瞬間の脈がある普通に気づけたことが、何より幸せに思うのです。

Part 5

〈いただきます〉流 だしを使った 厳選！絶品料理

素材の旨みをだしとして味わう、
和食の基本の作り方を学んだら、
かつお節と昆布の、だしのとり方も学びましょう。
そして、そのだしを使って、
絶品のおもてなし料理も作ってみてください。

和食の基本　だしのとり方

とっておきのおいしいだしはごちそうです

かつお節と昆布のだしは合わせだしといい、特に贅沢なだしだと僕は位置づけています。本書ではここまで「まずは水から料理を始めましょう」と水が土台だったのですが、やはり日本料理の生命である合わせだしを知っていただきたいので、ご紹介します。

このだしは、かつお節と昆布の旨みの相乗効果でとても上品なコクがあり、香り高いのが特徴です。どんな料理にも応用がききますが、特に吸い物がおすすめです。だしをとったことがない方は、ぜひとも挑戦していただきたいと思います。引きたてのだしで作った料理が「おいしい」からというだけではなく、その味を感じることが自分にとってのおいしさの基準につながるからです。だしの存在を知ったうえで、自分がこれからどうやって料理を作るかを考えてください。生活に合わせて、いろんなタイプのだしを選択すればいいのです。

合わせだしを作りその味を知ることは、だしの山に登ることです。登った人にしかわからないのですが、何合目でもいい景色が見えることに気づいていただきたいです。おいしさの幅を知って自分なりのだしの解釈をすることが、今後の料理の指針となります。一度も登ったことがないと、引け目があると思うのです。登ってみて知ることで必ずその気持ちがラクになりますから、それを自分で確かめるためにも、本書で紹介しているだしを一度でも作っていただきたいのです。

引きたてのだしは、いつもより料理に気持ちを込めたいときに使ってはいかがでしょうか。気分がいい日、家族の記念日やハレの日などいろいろだと思いますが、特別感がよりおいしく感じさせてくれると思います。そのときは必ず食べ手に、だしが引きたてであることを伝えてください。もしかしたら「いつもの顆粒だしがいい」となるかもしれませんが、この感想こそが大切です！　ここでおいしさの幅を知るんです。おいしさは一点ではないし、正解もないのです。ただ、その味がかつお節と昆布を使った引きたてのだし料理だと知ることが大事な経験なのです。同じ料理でもどうやって作るかは、その都度答えが変わるべきだと思います。

このページが、みなさんの料理の道しるべになることを願っています。本書で紹介するだし料理は、厳選した10品です。まずは教室でも人気のかきたま汁から作っていただきたいですね。引きたてのだしで作った吸い物は、日本料理の真骨頂です。

〈いただきます〉流 料理だしのとり方

料理だしとは、料理全般に使用できるかつお節と昆布の合わせだしのことです。お吸い物やみそ汁はもちろん、煮物や茶碗蒸し、鍋料理などのすべてのだし料理に。

材料（できあがり 約750mℓ分）

- ・花かつお――20g
- ・昆布――8g
- ・水――1ℓ

鍋に分量の水を入れ、昆布を浸して30分おく。味が出たサインとして昆布が大きくなる。水出しすることで味に深みが出る。

強めの中火にかけ、鍋底から泡が出て浮かび上がるようになったら、花かつおを加えるサイン。

昆布が入った状態のまま、花かつおを加える。お玉などで花かつおを軽く沈めるとよい。

沸騰してきたら、火を少し弱めてからアクを取る。

2〜3カ所からわずかに沸騰するような火加減に調節し、その状態をキープしたまま3分煮出す。

火を止め、そのまま3分ほどおいて素材の旨みを引き出し、ザルにペーパータオルを敷いてこす。

食べる だし料理の 最高傑作

日本料理の宝物といえる、米としょうゆとかつお節。その宝の山が、かつお節ごはんです。作り方にコツがあって、それはあとでお伝えするとして、この料理は、だしを食べる料理です。熱々ごはんの上にかけたかつお節にしょうゆをたらして、ごはんとかつお節の旨みを引き立てる、まさにうまさの絶頂が味わえる最高の料理なんです。この絶頂を味わうには覚悟が必要で、今から説明するレシピが大事です。これはご家庭でしか味わえませんから、そこも意識してください。

では作り方です。これを作るときは必ず、超炊きたてのごはんを段取りしてください。「超炊きたて」、これが家で作る理由です。店でもなかなか難しいのです。この一点に集中してください。おいしさのピークはごはんの風が吹く間のみ。かつお節としょうゆの香りが湯気にのって上がってきますから、その頂きを味わうのです。僕なら米を洗うところから、どうせなら今回はおいしい水で炊いてみようかなとか意識します。炊いている間の湯気の香りも楽しみながら、蒸らし上がったら必ずすぐにほぐします。そしてお気に入りの茶碗にふわっと盛って、その上からかつお節をかけて、しょうゆを少しだけたらしてください。炊きたてでしか味わえない「口福」です。このときのかつお節は、削りの小さいタイプが食べやすいですね。味と香りだけでなく、米の食感や粘りが崩れていく心地よさなどのテクスチャー、そして湯気とともにかつお節がフワフワ動いているあの光景は、僕の記憶の中で最も古い感動です。この瞬間を楽しむまでの流れこそが、料理であり醍醐味です。たまにするから感動的なのであって、普段は普通のごはんがいいです。ぜひ本書の購入記念に、まずはこれを作ってみてください。こういうこだわりが、おもしろいんです。

これぞ最高のだし料理。こういうのをまじめに作ると、おもしろいんです。

かきたま汁

引きたてのだしで、まずはこの料理を作ってみましょう。
三つ葉としょうが汁を加えることで格段においしくなります。

材料 (2〜3人分・直径16㎝前後の鍋)

・卵——1個
・三つ葉——1/2束 (10本)
・しょうが汁——小さじ1/2
A
・だし (P192参照) ——600㎖
・淡口しょうゆ、酒——各小さじ2
・塩——小さじ1/4
・水溶き片栗粉
——片栗粉、水各大さじ1

下準備

・ボウルに卵を割り入れ、箸を開くように持ち、ボウルの底に箸の先端をつけながら左右に動かして溶きほぐし、しっかりコシを切る。

・三つ葉は1.5㎝長さに切る。

・水溶き片栗粉を混ぜ合わせる。

作り方

1 鍋にAを入れ、火にかける。煮立つ直前に火を止める。小さめのお玉でだし汁をかき混ぜながら水溶き片栗粉を少しずつ加え、とろみをつける。

2 再度中火にかけ、煮立った状態のまま溶き卵を糸のように少しずつ渦巻きを描くように流し入れる。

3 すぐに火を止め、お玉でふわっと鍋底から3〜4回混ぜ、仕上げに三つ葉としょうが汁を加え、軽くかき混ぜる。

Point 溶き卵を流し入れる間は、必ずだしが煮立った状態をキープします。見た目も口当たりもとてもよくなります。

だし巻き卵

だし巻き卵にもおいしい食べ頃があります。
できたてを食べるほうがジューシーなだしが味わえます。

材料 (2人分・19×14cmの卵焼き器)

・卵——3個（M）

A ・だし（P192参照）——大さじ4
　・淡口しょうゆ——小さじ1

・水溶き片栗粉
　——片栗粉、水各小さじ1

・サラダ油——適量

下準備

・水溶き片栗粉を混ぜ合わせる。

・ボウルに卵を割り入れ、箸を開くように持ち、ボウルの底に箸の先端をつけながら左右に動かして溶きほぐし、しっかりコシを切る。Aと水溶き片栗粉を加え、混ぜ合わせる。

作り方

1 卵焼き器を中火で熱し、ペーパータオルを使ってサラダ油をひく。箸の先端に卵液をつけて落とし、ジューッという小さな音がするくらいになったら、卵液を1/5量程度流し入れる。

2 卵液を全体に広げ、全体の7割程度に火が通り、ぷくぷくとふくらんできたら箸でつぶして空気を抜く。卵焼き器を手前に傾け、向こう側から手前に、折るようにして巻き込む。

3 空いた部分に油をひき、だし巻き卵を向こう側によせ、手前にも油をひく。卵液を適量流し入れ、だし巻き卵の下にも卵液を入れる。

4 2、3を繰り返して焼く。焼きあがったら、あれば巻きすで巻いて形をととのえ、食べやすい大きさに切る。

Point だし巻き卵は、だしの割合が多くてやわらかいので、水溶き片栗粉を入れると巻きやすくなります。

かぶのすり流し

だしがごちそうになるお吸い物です。
だしを活かすために、かぶの下ごしらえは丁寧に。

材料（2〜3人分・直径16〜18cmの鍋）

・かぶ――小2〜3個
・油揚げ（みじん切り）――大さじ1
A ・だし（P192参照）――600mℓ
　・塩――小さじ1/3〜1/2
　・淡口しょうゆ――小さじ1と1/2
・水溶き片栗粉
　――片栗粉、水各大さじ1
・三つ葉の軸（みじん切り）、ゆずの皮（みじん切り）――各適量

下準備

・かぶは上下を落とし、皮を少し厚めにむき、すりおろす。ザルにあけ、手で押さえて約70gになるまで軽く水けをきる。

Point かぶは、口当たりをよくするために皮を厚めにむくこと、だしの香りを活かすためにかぶの水けをきることが大事です。

・油揚げは砂のように細かくみじん切りにする。この料理では、具材としてではなく、調味料として使う。

・水溶き片栗粉を混ぜ合わせる。

作り方

1 鍋にAと油揚げを合わせ、火にかける。煮立つ直前に火を止める。小さめのお玉でだし汁をかき混ぜながら水溶き片栗粉を少しずつ加え、とろみをつける。

2 かぶのすりおろしを1のだし汁少量で溶きのばしてから加え、均一になるようにしっかり混ぜる。再び火にかけ、軽く煮立ってきたらすぐに火を止める。

3 器に注ぎ、三つ葉の軸とゆずの皮を散らす。

菜の花の辛子びたし

季節を感じる一品で、おせち料理にもおすすめです。
辛子をしっかりきかせて他の料理とのメリハリを。

材料（2〜3人分・直径18cmの鍋）

- 菜の花——1束
- 練り辛子——小さじ2〜3
- A
  - だし（P192参照）——450mℓ
  - みりん——大さじ4
  - 淡口しょうゆ——大さじ3
  - 塩——ひとつまみ

下準備

- 菜の花は4cm長さに切り、沸騰した湯で茎は1分前後、つぼみと葉は30秒ほどゆでる。水にとり、冷めたら水けを絞る。

作り方

1 鍋にAを合わせ、火にかける。煮立ったら中火にして20秒ほどみりんのアルコール分を飛ばす。火を止めて冷まし、練り辛子を加えて溶かす。

2 ボウルに菜の花と1の1/4量を入れ、10分ほどおいて味をなじませたら、汁けをきる。

3 残りの1を加え、20分ほどおいて味を含ませる。

4 器に盛り、好みで練り辛子をのせる。

玉ねぎの卵とじ

玉ねぎの甘みとふわとろが絶品の卵とじ。
卵の溶き方、火加減、盛りつけ方がポイントです。

材料（2人分・直径18cmの鍋）

・玉ねぎ——大1/2個（約150g）
・卵——2個
A
・だし（P192参照）——200mℓ
・みりん——大さじ2
・淡口しょうゆ——大さじ1
・砂糖——小さじ1
・塩——ふたつまみ
・粗びき黒こしょう——適宜

下準備

・玉ねぎは繊維に沿って薄切りにし、水でさっと洗って辛みを抜き、水けをしっかりきる。

・ボウルに卵を割り入れ、卵黄を箸で割る。ボウルの底に箸の先端をつけながら、5秒間だけ軽くかき混ぜる。卵黄と卵白の食感の違いがおいしさにつながるので、コシを切り過ぎない。

作り方

1 鍋にAを合わせ、玉ねぎを入れて火にかける。煮立ったら弱めの中火にしてときどき箸でかき混ぜながら4分煮る。

2 火加減を強くし、溶き卵を真ん中から時計回りに外側に向かって流し入れる。

3 すぐ触らずに6秒ほどそのままの状態で加熱し、箸で卵を切るようにゆっくりと四方から中央へと十字に動かす。好みの半熟加減で火を止める。

4 すぐに蓋をして1分ほど蒸らし、卵をふっくらさせる。ふわっとした状態を崩さないようにお玉で器に盛り、煮汁を適量かけ、好みでこしょうをふる。

Point 溶き卵を入れたときに火加減が弱いと、鍋底に卵がくっつきやすくなり、焦げる原因になるので注意です。

高野豆腐の含め煮

料理教室でも特に感動が大きい一品。
夏場などは、冷やして食べるのもおすすめです。

材料（作りやすい分量・直径20cm前後の鍋）

・高野豆腐（乾燥）——5〜6枚（約80g）
・花かつお——7g
A
・だし（P192参照）——800mℓ
・みりん——40mℓ
・砂糖——大さじ2
・淡口しょうゆ——大さじ2と1/2
・塩——小さじ1/3
・絹さや（塩ゆでする）——適量

下準備

・高野豆腐はボウルに入れ、たっぷりの水を注ぎ、落とし蓋をして5分ほどおく。水けを軽くきり、一口大に切る。さらに1個ずつ両手ではさみ、丁寧に水けをきる。

・花かつおをだしパックなどの袋に入れる。

作り方

1 鍋にAを合わせ、高野豆腐を入れ、落とし蓋をして火にかける。煮立ったら中火程度にして10分煮る。

2 袋に入れた花かつおを加え、落とし蓋をしてさらに5分ほど煮る。火を止め、そのまま20分ほどおいて味を含ませる。

3 器に盛り、煮汁をたっぷりかけ、絹さやを添える。

高野豆腐の含め煮は、だしの旨さが形になった料理です。こういう煮物が上手にできるとうれしいですね。

豆腐のべっこうあんかけ

あんはたっぷりと大げさにかけてください。
スプーンで食べるのがおいしく食べるセンスです。

材料（3人分・直径16〜18cmの鍋）

- 絹ごし豆腐——1丁（300g）
- わけぎ——2本
- おろししょうが——小さじ2
- A
  - だし（P192参照）——450mℓ
  - みりん——大さじ2
  - 淡口しょうゆ——大さじ1と2/3
  - 砂糖——小さじ1/3
- 水溶き片栗粉
  ——片栗粉、水各大さじ1と1/2

下準備

- 豆腐は6等分に切る。
- わけぎは小口切りにする。

作り方

1 鍋にAを合わせ、豆腐を静かに入れ、落とし蓋をして火にかける。煮立ったら、煮立つか煮立たないか程度に火加減を調節して6分ほど煮る。

2 火を止め、豆腐だけをお玉ですくい、深めの器に盛る。煮汁はあんを作るのに使うため、なるべく器に入れない。

3 お玉で煮汁をかき混ぜながら水溶き片栗粉を少しずつ加え、とろみをつける。再び中火にかけ、煮立ったら10秒ほどしっかり混ぜる。粉けを飛ばすことで、だしの香りが活きたあんになる。

4 2の豆腐の上から3をたっぷりとかけ、おろししょうがとわけぎをのせる。食べるときは少し大きめのスプーンを使い、あんをからめていただく。

豚しゃぶのハリハリ鍋

水菜のシャキシャキ感から生まれたハリハリ鍋。最後に溶き入れるゆずこしょうが味の決め手です。

材料 (2〜3人分・直径20cm前後の鍋)

- 豚肩ロース薄切り肉 (しゃぶしゃぶ用)——200g
- 水菜——1袋
- 長ねぎ——1本
- しいたけ——3個
- A
  - だし (P192参照) ——1ℓ
  - みりん——大さじ4
  - 淡口しょうゆ——3と1/2
- ゆずこしょう——小さじ1

下準備

- 水菜は4cm長さに切る。
- 長ねぎは斜め薄切りにする。
- しいたけは軸を切り落とし、2mm厚さの薄切りにする。

作り方

1 鍋にAを合わせ、火にかける。

2 煮立ったら、中火にして豚肉を1枚ずつはがしながら入れ、野菜としいたけを加える。火が通ったらゆずこしょうを溶き入れる。

Point ゆずこしょうの量は好みで加減してください。代わりにおろししょうがを同量入れるのもおすすめです。

この鍋料理は、おもてなしとしてもよろこばれると思います。教室オープン当初からの人気メニューです。

なすの田舎煮

教室で圧倒的な支持を受けているNo.1のレシピ。
待つ時間が楽しみになる料理です。

材料（作りやすい分量・直径20cm前後の鍋）

・なす――5本

A
・だし（P192参照）――400mℓ
・みりん――大さじ5
・淡口しょうゆ――大さじ1と1/2
・塩――小さじ2/3

・サラダ油――大さじ1と1/2
・おろししょうが――適量

下準備

・なすはヘタを切り落とし、3〜4等分の輪切りにする。包丁の刃元を使って皮目に約2cm間隔の切り目を入れる。水につけて1分間おき、ザルにあげて水けをしっかりきる。

Point 切り目を入れると食べやすく、味の含みもよくなります。切り目の深さは、煮崩れないように3mm程度がよいでしょう。

作り方

1 鍋にサラダ油を入れ、強火でしっかり熱する。

2 なすを一気に加え、油となじませるようにジャーッと15秒ほど炒め、Aを加えて強火のまま落とし蓋をする。煮立ったら強めの中火にして8分ほど煮る。

3 なすを崩さないように上下を返し、落とし蓋をして弱めの中火でさらに6分ほど煮る。火を止めてそのままおき、粗熱が取れたら冷蔵庫で半日ほど味を含ませる。

4 器に盛り、煮汁をかけ、しょうがを散らす。

修業時代の思い出の味です。僕の料理の原点は当時の料理長や先輩方、仲間と過ごした時間です。作り方は家庭用にしていますが、味や想いは受け継いでいると自負しています。この料理を作るたびに背筋が伸び、おいしさを通してよろこびが伝わる瞬間を自分の生き甲斐としています。

白菜の旨煮

少ない煮汁でたっぷりの白菜と一緒に煮るこの料理は、惣菜の原点です。だしパックでも十分おいしく作れます。

材料（2〜3人分・直径20cmの鍋）

・白菜——300g
・油揚げ——1/2枚
・しょうが（薄切り）——2枚
A
・だし（P192参照）——300mℓ
・砂糖——大さじ1
・みりん——大さじ1
・濃口しょうゆ——大さじ1と1/2

下準備

・白菜は4〜5cm長さに切り、芯は1cm幅の短冊切り、葉は大きめのざく切りにする。

・油揚げは1cm幅の短冊切りにする。

作り方

1 鍋にAを合わせ、油揚げ、しょうが、白菜の芯を入れ、落とし蓋をして強火にかける。

2 煮立ったら白菜の葉を加え、全体が煮汁につかるよう箸で動かし、白菜が煮汁となじんだら落とし蓋をする。

3 再び煮立ったら中火にして7〜8分煮る。途中、上下を返しながら煮ると均一に火が入る。

4 器に煮汁と一緒に盛る。

Point 白菜の量が多いので、煮るときは箸をしっかり動かして煮汁となじませることが大切です。

これは母の定番料理です。今回は丁寧にとっただしを使っていますが、母はいつも顆粒だしで手早く作っていました。おいしさとは何か。そういう問いかけが自分の料理へとつながると思っています。

さくいん

きのこ・きのこ加工品

いも・いも加工品

卵

豆類加工品

果実

漬け物類

穀物類

おわりに

修業時代の調理場での素晴らしい経験、また、とある日本料理店で食事した際にご主人からプレゼントされた一冊の本が、今の自分の料理の型になっています。今までお世話になったすべての方に、この場を借りてお礼申し上げます。

最後になりましたが、本書制作にあたって、カメラマンのキッチンミノルさん、デザイナーの三木俊一さん、当教室を卒業されたフードスタイリストのダンノマリコさんには大変お世話になりました。また、多大なる理解と協力をいただいたSORA企画の丸山みきさんとスタッフの皆さん、朝日新聞出版の森香織さん、そしていつも支えてくれる教室スタッフに心より感謝致します。

西芝一幸

東京都渋谷区にある日本料理専門教室〈いただきます〉主宰。1977年和歌山県生まれ。大阪辻調理師専門学校卒業後、南紀白浜のホテルを皮切りに日本料理の修業を始める。石川県で勤務した際には、金時草と加賀太きゅうりと大雪に感動。その後、韓国・ソウルでの海外勤務では、日本料理を外から見たことで、実は料理を何も知らないと初めて気づく。帰国後に上京し料理店で働くも、教師だった父の影響で以前から人に何かを伝えることが好きだったため、講師になることを決意。料理学校に転職してさまざまな経験を積み、ワインソムリエのSHOKOと一緒に料理教室を立ち上げる。

https://bs-itadaki.com

家《か》庭《てい》でつくる和《わ》食《しょく》教《きょう》本《ほん》

いつもの料《りょう》理《り》が感《かん》動《どう》のおいしさに

著者
西芝一幸

発行者
橋田真琴

発行所
朝日新聞出版

〒104-8011 東京都中央区築地5-3-2
電話　03-5541-8996（編集）
　　　03-5540-7793（販売）

印刷所
図書印刷株式会社

Published in Japan by Asahi Shimbun Publications Inc.
ISBN 978-4-02-333277-5

定価はカバーに表示してあります。
落丁・乱丁の場合は弊社業務部（電話03-5540-7800）へご連絡ください。
送料弊社負担にてお取り替えいたします。

撮影
キッチンミノル

デザイン
三木俊一＋髙見朋子（文京図案室）

スタイリング
ダンノマリコ

調理スタッフ
SHOKO〈Live Happier〉

編集・構成
丸山みき（SORA企画）

編集アシスタント
大森奈津／柿本ちひろ（SORA企画）

イラスト
市村 譲

企画・編集
森 香織（朝日新聞出版 生活・文化編集部）